더 플레이어

태도가 정치다

Player the
더 플레이어

윤상현
정치
아포리즘

프롤로그

살아가다
일하다
정치하다

나는 '짜다리' 정의를 추구하는 인간이 아니었다. 젊은 시절부터, 사회의 부조리를 깨트리고 역사의 물줄기를 바꾸겠다는 '거창한 이념'으로 정치를 시작한 것도 아니었다. 나는 힘과 명분을 추구하는 공적인 인간이 아니라 개개인의 사람과 생활에 고무되는 매우 '사적이고' 실무적인 인간으로 정치 세상에 나왔다. 내게 국민은 군중이나 민중 같은 거대한 추상이 아니라 가족, 친구, 형, 동생… 실체가 분명한 이웃이었다.

나의 사귐은 진영을 가리지 않았다. 보수 정당에서 4선 의원으로 잔뼈가 굵었지만, 여의도 '베프'는 진보에도 있었고, 5.18 민주화운동 유가족분들이나 민노총 사람들하고도 격의 없이 어울렸다. 친박도 비박도, 친윤도 비윤도 서로를 확장시키는 소중한 동지로 존경한다. 살면서 '무엇이 옳은가'를 가려 네 편 내 편 선을 그어 천명하기에, 진리의 골대는 수시로 바뀌었고, 개별 인간은 너무나 다면적이었다.

술을 좋아한다. 알코올을 좋아하는 게 아니라 경계가 풀어지는 순간을 좋아한다. 경계가 약해져야 달이 돌고, 말이 돌면 정이 돈다. 정분이 트면 동의는 못 해도 이해심이 생긴다. 이해받은 인간은 자존감이 높아져 혼자도 잘 살고 함께도 잘 산다. 개인이 깊어지면 정치도 깊어진다. 앞으로의 정치는 정밀한 업스트림적인 설계와 사려 깊은 중재력으로 사회 통합의 맥락을 만들어가는 일이 될 것이다. 인간 공동체에 갈등은 필연적이나, 갈등을 생산적으로 풀어내고, 더 나은 방향으로 갈 수 있다면 얼마나 좋겠는가.

정치가 더 이상 '치리治理'가 아니라 고도의 서비스인 시대에
일하는 정치인The Player, 기도하는 정치인The Prayer으로
섬기며 살고 싶다.

정의보다 연민을…
정죄보다 용서를…

나에게 정치적 상상력이 있다면, 그 모든 것은 성경에서 왔다.
겸손과 중심을 가르쳐준 하나님과 내 아내 신경아, 지인들에게 감사한다.

2023년 1월, 여의도에서

윤상현

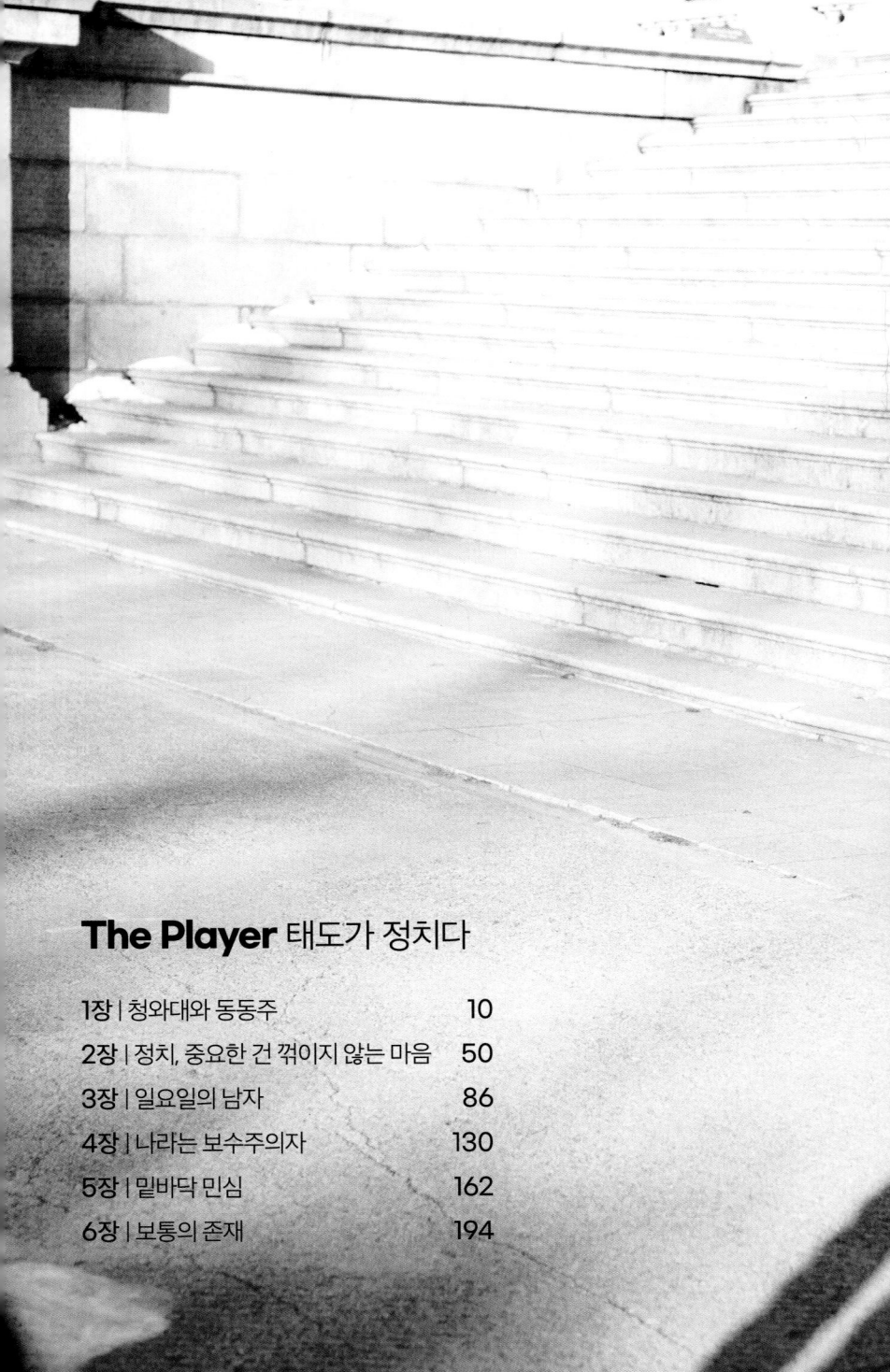

The Player 태도가 정치다

1장	청와대와 동동주	10
2장	정치, 중요한 건 꺾이지 않는 마음	50
3장	일요일의 남자	86
4장	나라는 보수주의자	130
5장	밑바닥 민심	162
6장	보통의 존재	194

"작가의 사명은 발설이나 고발 혹은 폭로가 아니다. 작가는 독자에게 고상함을 보여줘야 한다. 여기서 말하는 고상함이란 단순한 아름다움이 아니라, 일체의 사물을 이해한 뒤에 오는 초연함, 선과 악을 차별하지 않는 마음, 그리고 동정의 눈으로 세상을 대하는 태도다."

중국의 작가 위화의 소설 <인생>에 나오는 작가 서문 중 한 대목이다.

나는 여기서 작가를 정치가로 바꿔보았다.

"정치가의 사명은 발설이나 고발 혹은 폭로가 아니다. 정치가는 국민에게 고상함을 보여줘야 한다. 여기서 말하는 고상함이란 단순한 아름다움이 아니라, 일체의 사물을 이해한 뒤에 오는 초연함, 선과 악을 차별하지 않는 마음, 그리고 동정의 눈으로 세상을 대하는 태도다."

동정의 눈으로 세상을 대하는 태도.

사랑과 긍휼의 마음으로 이름을 불러주는 것,
그것이 정치의 시작이라고 나는 생각한다.

1.

청와대와 동동주

연탄, 요강, 부엌칼

"너는 꼭 이 집안의 손님 같구나."

어머니는 웃으며 말씀하셨다. 철이 들기 시작할 중학생 무렵부터 나는 새벽 4시면 일어나 연탄불을 갈고 요강을 비웠다. 밤새 식구들이 눈 미지근한 오줌이 겨울 아침에 김을 뿜으며 흰 눈을 녹였다. 물을 부셔 요강을 비워놓고 다 타버린 연탄재를 꺼내 골목 어귀에 내어놓았다. 지난밤 신문지에 감아 서랍에 넣어놓은 부엌칼을 도마에 올려놓으면 아침 루틴이 끝났다. 행여 도둑이 들까, 나는 자기 전에 어머니 몰래 칼을 숨겨두곤 했다.

내 아버지 윤광순은 공군 대령으로 퇴역했다.
'하늘을 나는 건 위험하니, 통신병과에 지원해라.'
효자였던 아버지는 모친의 바람을 저버리지 못했다. 하늘의 주인공은 파일럿이었기에, 통신병과를 지원했던 아버지는 가족을 데리고 구미, 수원, 평택, 대전, 서울 등 땅의 임지를 떠돌이처럼 전전했다.

떠올려보면 아버지는 군인답지 않은 군인이었다. 아버지는 동기생들처럼 쭉쭉 하늘로 치고 올라가지 못했다. 권력을 탐하지 않았고 윗사람보다 아랫사람을 더 살뜰하게 챙겼다. 집에 오면 군복을 벗고 설거지와 청소를 했다. 아버지는 감정을 잘 드러내지 않았다. 진급에서 누락된 후 밀려드는 패배감은, 장군들 집에 불려가 김장을 하고

고스톱을 쳐주며 친화력을 발휘하던 어머니의 몫이었다. 어머니 곽혜숙은 똑똑하고 카리스마 있고 정의감이 강한 분이었다. 착실하고 내성적인 아버지가 대령으로 올라가는 승진 명단에서 빠질 때마다 어머니는 조용히 분을 삭이셨다.

"아무개 대령은 돈 천만 원을 주고 연줄을 잡았단다. 그건 옳지 않아. 해서는 안 되는 짓이지."

'똑순이' 엄마가 가슴에 안개가 낀 것 같다며 숨을 몰아쉬었다. 나는 내가 죄를 지은 것처럼 미안해지곤 했다. 어머니가 내쉬는 한숨이, 목구멍에 먼지처럼 걸렸다.

생각해보면 어머니는 어린 나에게 한 번도 목소리를 높인 적이 없었다. 하교 하면 번개탄 사러 뛰어나가던 장남을, 어머니는 의지했고 조심스러워했다. 그 시절, 당신이 몸이 약해 끼니때가 되면 어린 아들을 차가 달리던 도로변 슈퍼마켓에 위험하게 심부름을 시켰다고, 두고두고 미안해하셨다. 정작 나는 당신과 외할머니가 어린 사람을 예우하고 없는 이웃에게 후하게 베푸는 모습을 어깨 너머로 보고 따라했을 뿐이다. 남의 밥 그릇 먼저 챙기고, 없는 사람에게 돈 쥐어 주는 것을 당연하게 행하는 분들이었다.

'어른의 신임을 받는 기분, 남을 돕는 기분은 이런 것이로구나.' 연탄불 구멍이 꼭 맞을 때처럼 따스한 뿌듯함이 자리 잡았다.

무엇보다 십대 시절의 나는 새벽 루틴을 마치고 혼자 보내는 시간이 좋았다. 별이 점점이 박힌 하늘을 올려다보면 세상의 윤곽이 보드랍고 선명하게 느껴졌다. 그 시간에 깨어 음악을 듣고 책을 읽고 있다는 게 꿈만 같았다. 소년의 영성에 하나님의 신성이 닿아 입 맞추는 듯했다. 거친 풀밭 위에서 늑대를 쫓으며 양떼 곁에서 행복하게 노숙하던 성경 속 소년 다윗처럼.

'내가 깨어 있구나. 깨어서 우주를 머금고 있구나.
쩨쩨하게 살지 말자. 크게 살자!'

어쩌면 그때, 나는 육신의 아버지보다 더 큰 하늘의 아버지를 느꼈는지 모르겠다.

지난봄, 아내와 세 딸들과 함께 영화 <탑건 : 매버릭>을 보면서 나는 불현듯 아버지를 생각했다. 아버지 윤광순은 퇴역할 때까지 영화 <탑건>의 파일럿 톰 크루즈 같은 화려한 영광을 보지 못했다. 높이 날아오른 적 없지만, 나의 아버지는 대한민국의 성실한 공군이었고 나는 그에게 절반의 유전자를 물려받았다.

"충직해라. 문단속 잘해라."
귀에 닳도록 들은 땅의 아버지의 두 단어였다.

첫딸, 전두환의 손녀, 서연이

1987년 겨울부터 1988년 봄까지 나는 군대에 있었고, 세상은 빠르게 변해갔다. 전두환 정권이 이양되는 과정은 달리는 차창처럼 지나간 풍경과 닥쳐올 풍경이 이어져 흘러갔다. 그 사람은 만삭인 채로 병영의 면회실을 찾아왔다. 88년 2월, 딸 서연이가 태어났고 서연이의 조부이자 나의 장인이었던 전두환 대통령은 청와대를 떠났다.

그날을 생각하면 눈 내리는 하늘을 올려다보는 아득한 심정이 된다. 예비역 사관후보생이었던 나는 영천의 3사관학교에서 4개월, GP 바깥 2km 외곽 남방한계선 밑의 GOP에서 2개월 실습 소대장 훈련을 받았다. 영천에서 40km 행군을 한 후 유격장에 도착하니 새벽 3시였다. 전화가 왔다고 해서 뛰어갔더니 수화기 너머로 낯익은 목소리가 튀어 올랐다.

"윤 서방, 축하하네. 자네 닮은 딸이야!"

놀라서 마른 침을 삼켰다. 겨울밤 강행군에 쓰러지는 병사들을 부축해서 부대에 도착한 참이었다. 군장을 해체하느라 실내가 어수선했다. 훈육대장이 안에서 라면을 끓이고 있었다. 중독성 강한 msg 냄새에 맹렬하게 허기가 일었다. 아버지가 된다는 건 배가 더 고파지는 것인가! 득녀 축하를 받으며 황송한 마음으로 라면을 받아먹었다. 막사에 돌아와 어린 피붙이를 상상하며 잠이 들었다.

'이제부터 나는 다른 세상을 살겠구나.'

두 달 후, 전방 면회실에서 아이를 처음 만났다. 강보에 쌓인 아이를 품에 안아보니 어색했다. 예쁘다기보다 조심스럽고 서먹했다. 스물여섯 살, 나는 미국에서의 공부를 다 마치지 못했고 완전한 사회인이 되지도 못한 상태였다. 처가는 격동의 시절이었고, 나는 모든 시간이 보류된 애매한 시절을 살고 있었다. 무엇보다 나 자신, 정치 세상에는 태어나지도 않은 핏덩이였다.

부러움 반, 조롱 반… 왕의 남자

여의도에는 수많은 사람들이 드나든다. 권력과 국민과 당과 정치 그리고 유명세와 폭탄주를 사랑하는 사람들… 넘치는 힘으로 어디까지 오를 수 있는지 크고 작은 세를 형성하며, 욕망과 공의로 서로를 시험하는 사람들. 나는 한 번도 정치를 내 업으로 생각해본 적이 없다. 어릴 때는 축구 선수가 되고 싶었고 자라서는 외교관이 되고 싶었다. 교수로 미국과 한국에서 국제 정치학을 가르치다, 정계에 입문했다. 학문 속의 정치와 현실 속의 정치는 달랐다. 흑백TV로 주말의 명화를 보다 컬러TV로 느와르 영화를 보는 것 같았다.

나는 왜 정치인이 됐을까.

사람들은 지금까지 농담 반 진담 반으로 나를 '왕의 남자'라 부른다. 어떤 사람의 눈에 나는 대통령 일가와 권력의 지근거리에서 지냈던 '기회주의자'일 것이고, 또 어떤 사람의 눈에는 대통령의 딸, 재벌가의 딸과 결혼한 '패밀리 비즈니스의 수혜자'일 것이다. 조롱 반, 부러움 반… 의 시선을 오랫동안 먹고 살았기에, 웬만한 삐딱한 농담엔 웃어넘길 수 있게 되었다.

"윤상현 의원님은 2자와 인연이 많습니다. 결혼도 두 번, 공천 탈락도 두 번(사실은 네 번)!"

인간은 폭풍의 한가운데를 헤엄쳐 건너다보면, 살아내느라 오직 호흡에만 집중하게 된다. 생각해보면 나는 화려하고 도전적인 환경을 선택하기보다, 그때그때 '연민'을 좇아 '마음의 소리'를 따라왔다. 어머니의 한숨에 마음이 아려 공부를 했고 연탄불을 갈았다. 어릴 때는 부모와 선생님을 기쁘게 해드리는 일이 나의 소명이었다.

함께 흘리는 정직한 땀방울이 좋아 축구를 했고, 왁자하게 웃는 사람들이 좋아 술을 마셨다. 섞이지 못해 방황하는 대통령의 딸을 구내식당으로 끌고 가 함께 밥을 먹었다. 국회의원이 된 후엔, 끼니때마다 지역구 인천의 아무 식당에 들어가 김치찌개 뚝배기에 숟가락을 얹었다.

"매일 지역민들의 집에 동가식서가숙하며 민원을 들으리라."
민폐와 민원을 사회관계 자본으로 한데 모아 이상화시켰던, 순수하게 혈기 방장한 시절이었다.

전두환의 사위는 나에게 정치적 열쇠 혹은 족쇄였으나, 인간적인 족쇄가 되지 못했다. 5월에 나는 망월동을 찾았다. 5.18 민주화운동 피해자 유족들은 "보수 진영 의원들 중 광주 묘역에 정문으로 들어가 정문으로 나온 사람은 당신 밖에 없다"며 본인들도 기가 찬다는 듯 웃으며 술잔을 돌렸다. 기자나 방송국 카메라가 붙어서 곤란한 질문을 하면 5.18 단체 사람들이 "그만 하라"고 손으로 막았다. 우리는 유불리를 따지지 않고 서로의 손을 잡았다. 전라도 사람들은 '전두환 측근'인 나를 명예시민으로 임명하는 것에 거부감이 없었다. 정치는 진영의 맥락을 넘어 사람에 대한 곡진한 태도라는 걸, 나는 그들에게 배웠다.

세상의 담벼락에
'돈, 권력, 사랑'이라 쓰여진 것을
나는
'땀, 공부, 사람'이라 읽는다.

아이러니하게도 사람에 대한 공부를 처음 한 곳이 20대 시절, 청와대, 연희동, 백담사였다. 최고 권력자들의 흥망성쇠를 나는 젊은 눈으로 지켜보았다. 우리는 왜 권력자를 두려워하는가.
그가 총을 가지고 있어서? 그가 돈을 가지고 있어서?
아니다. 권력자가 국민을 한 사람이 아니라 통계와 '군중'으로 볼 때, 국민은 고통받고 상처 입는다. 마찬가지로 인의 장막으로 둘러싸인 권력자를 '한 사람'이 아닌 '왕'으로 보고 겁먹을 때, 정치의 검증 시스템은 와해된다.

청와대 동동주가 이렇게 맛있을 수가

　청와대에 처음 들어가던 날이 생각난다. 1983년 10월 아웅산 테러에서 간발의 차이로 살아 돌아온 '전통'은 딸의 남자친구인 나를 서둘러 만나보고 싶어 했다. 청와대에서 보고 싶어 한다는 말을 듣고 동네에서 양복 한 벌을 사서 입었다. 몸에서 겉도는 싸구려 양복을 입고 세종문화회관 앞에 서 있으니 파란색 마크파이브 한 대가 와서 실어 갔다. 청와대 영빈관 앞을 지나 관저로 가는데 일곱 개의 문을 지났다. 치열하고 나른한 첩첩산중이었다.

　문이 열리고 거수경례가 이어질수록 권력자의 후광은 짙어졌다. 2층 관저에서 기다리는 그녀를 만나, 다시 한식 가옥인 상춘재까지 걸어갔다. 실제로 대통령 앞에 도착하면 그를 둘러싼 공기의 압력에 기가 죽게 된다. 이름을 지닌 고유명사가 아니라 '최고 권력자'라는 거역할 수 없는 '힘'이 다가오는 것이다.

　그때의 경험 덕분인지 나는 최고 정치 지도자 곁에서 일하고 조언할 때, 비굴해지지 않는 배포가 생겼다. '당신의 발아래에 있다'는 복종의 사인보다, '당신을 보호하겠다'는 충심을 앞세웠다. 그게 내가 아버지 윤광순에게 받은 순진한 군인 정신이었는지도 모르겠다.

"자네, 술 좀 하나?"
"예. 합니다."

어머니 아버지 고향은 어딘지, 아버지는 뭐하시는지, 꿈은 무엇인지, 의례적인 문답이 오간 후 어른이 술을 권했다. 긴장을 풀기에 술은 얼마나 좋은 친구인가. 게다가 처음 맛본 청와대 동동주가 너무 맛있어서 깜짝 놀랐다. 달콤하고 싱싱한 맛이 사가에서 먹는 동동주와는 차원이 달라, 겁도 없이 첫 만남에 거나하게 취해버렸다.

이후 나는 종종 청와대에서 찾는 삐삐를 받고 그곳에 가서 막걸리를 마시고, 테니스를 쳤다. 술은 어떻게 마시는지, 경기는 어떻게 플레이하는지, 그는 어른의 눈으로 나를 면밀히 관찰했다. 간간이 내가 염려하는 친구를 몰래 불러 학비를 보태주기도 했고, 재단사를 불러 함께 입을 양복을 맞추고는 흡족해하기도 했다.

사람을 감동시키는 사소한 에티켓 예컨대 식당 종업원을 존대하는 법이나 자리가 파하기 전까지 초대된 사람들의 이름 전부를 외워서 불러주는 일, 운동할 때 승부욕과 파트너에 대한 깍듯한 매너를… 나는 그분에게 배웠다. 여름 소나기 철엔, 그 사람의 오빠 동생과 죽이 맞아 청와대 헬기장에서 서너 시간씩 흠뻑 젖은 채로 축구를 하며 아드레날린을 발산했다.

젊은 날의 경험이지만 그 또한 필요한 경륜으로 쌓여갔다. 청와대에서 내가 만났던 사람들은 각자의 역할에 충실한 '플레이어'였다.

The Player | 더 플레이어

백담사 요사채

6공화국 정권이 들어서면서 전씨 가문의 사세는 급격하게 기울었다. 조지타운 대학교에서 외교학 석사를 마친 후 돌아와 군에 입대했던 나는 88년 5월 제대 후 곧바로 다시 미국에 박사 공부를 하러 들어가야 했지만, 사태가 심각해 서울에 주저앉았다. 전재국, 전재용은 미국에서 공부 중이었고 막내 전재만은 청소년이었다. 꺾인 '한 사람'과 풀죽은 식구들, 우왕좌왕하는 '곁 식구들'을 건사하는 게, 군인 가족으로 유랑하던 시절부터 몸에 밴 나의 기질이었다.

5공 적폐 청산 청문회, 언론 통폐합 청문회, 5.18 진상 규명, 12.12 청문회가 열렸고 연희동은 급박하게 돌아갔다. 오랜 군사 정권 하에서 억눌렸던 민심의 분노는 극에 달했다. 내가 알던 그분은 전임 대통령으로서 역대 최대의 비호감 리더이자, 극악한 시대의 빌런으로 추락하고 말았다.

"정권은 민간에게 이양하겠다. 노태우는 나를 밟고 가라."
"12.12는 내가 주도했다. 5.18은 도의적 책임은 있으나 발포 명령자는 나도 모른다."
"머물 만한 작은 산사를 알아보라."

결정은 신속했다. 나는 연희동 사랑채에 기거하며, 비분강개하는 측근 정치인들을 모시고 밤새 경비를 도는 경호원들에게 밥과 술을 사 먹였다. '술 잘 마시고 매너 좋은 윤 서방'으로, 그들의 긴장을 풀어주고 충성심도 유지시키는 것. 스산하고 어수선한 살림 속에서도, 하루치의 인정을 베풀며 단도리하는 것이 내가 할 도리였다.

1988년 11월 23일 아침. 그분은 대국민사과문을 발표한 후 백담사로 떠났다. 지금의 내 나이보다 어린 50대 후반이었다는 게 믿기지 않는다. 흔들리는 차 안에서 점심으로 마련한 도시락의 간장 종지가 쏟아져 무릎을 적셨다고 이택수 비서관이 후에 전하며 눈물을 쏟았다. 그들은 울먹이며 "각하, 각하"를 연발했다. 당일 저녁 무렵, 뒤늦게 출발해 백담사에 도착하니 이미 어둠이 산속에 몰려와 컴컴했다.

"왜 왔냐? 여기 오면 다친다. 앞으로 오지 마라."
"저… 아버님, 이부자리 깔아드리고 가겠습니다."

백담사는 작은 절이었다. 법당을 바라보고 왼쪽에 화장실, 오른쪽에 승려들이 기거하는 요사채가 있었다. 갓 도배를 해서 풀냄새가 나는 방이 세 개 나란히 붙어 있었다. 이부자리 두 채에 촛불 두 개가 달랑 놓인 방은 휑뎅그렁했다. 믿고 있던 부하에게 팽을 당한 상황임에도, 노태우 대통령을 위해 아침마다 반야심경을 외고 불공을 드리는 모습은 의아했다. 절을 찾는 사람들 앞에서 법문을 전할 때면 그 모습이 꼭 도 닦은 스님 같았다. 신기한 일이었.

군사 정부는 끝났고 '보통 사람'의 시대가 열렸지만 거리는 여전히 최루탄 냄새로 매캐했다. 무엇을 해야 할지 모를 때, 나를 안정시

키는 것은 두 가지였다.

사람을 돌보는 일과 어학 공부에 매진하며 언어를 정렬하는 일. 이 두 가지 일이 내가 통제할 수 없는 세상의 무질서에 맞서는 나만의 정리정돈이었다.

1988년부터 2년여 동안, 나는 연희동에 기거하며 본가인 역삼동과 백담사를 오갔다. 여전히 보는 눈이 닿았고, 괜히 흠잡히고 싶지 않았다. 밤에는 사람 챙기는 통 큰 '윤 서방'으로 연희동의 경비병들에게 술을 돌리고, 아침에는 중국어 학원에 다니며 다가올 중국 시대를 준비하며 루틴을 잡아갔다. 거친 정치 세상에 나설 생각이 없는 유순한 백면서생이었고 앞으로 어떤 날들이 펼쳐질지 전혀 예상하지 못했다.

가끔 생각해본다. 1981년, 대학 입학을 앞둔 스무 살의 1월. 남대문 뒤쪽 알리앙스 프랑세즈 불어학원에서 대통령의 딸을 만나지 않았다면 나는 어떤 인생을 살았을까. 친구들이 감옥에 잡혀가고, 막걸리집에서 이념 토론이 한창이던 때에, 검은 안경을 낀 채 혼자 다니던 한 여학생과 재회하지 않았더라면. 내 앞에 롤러코스터 같은 이런 트랙이 펼쳐졌을까. 그 길목에서 권력의 심장부와 쇠락한 뒷방을 데칼코마니처럼 선명하게 들여다보게 한 것은, 어쩌면 신의 계획이었을까.

윤상현 정치 아포리즘

전효선, 플래시 백

이광수의 소설 《흙》에 나오는 남자 허숭은 비범한 인간이다. 농촌 출신의 가난한 지식인 허숭은 서울의 부잣집 딸 정선과 혼인하지만, 아내는 자신의 친구와 바람이 나고 비행을 일삼는다. 허숭은 번민하면서도 소설 속 도시인들의 모든 일탈을 묵묵히 감내한다. 욕망에 들뜬 인간들의 파란만장과 그것을 바라보는 허숭의 비참한 마음, 용서의 큰 그릇에 나는 책장을 다 덮고 엉엉 울었다. 연민, 승부욕, 금욕주의적 치기가 뒤엉킨 채로 '술과 여자'를 멀리하는 신부의 삶을 동경하기도 했다. 나를 울린 것은 어떤 숭고한 마음의 경지였다.

"이렇게 큰 남자가 되어야지."

만남이 곧 인생이다. 어떤 사람으로 인해 운이 트이기도 하고 잘 나가던 인생이 꼬이기도 한다. 악연인 줄 알았으나 웃으며 다시 손을 잡기도 하고, 더 큰 운명을 위해 다리로 쓰임 받기도 한다.

관계는 끝없이 이어지고, 삶은 만났다 헤어지는 매일의 정거장이기에, '부딪히는 모든 이들에게 친절하라'고 어머니는 말씀하셨다.

사랑하기 전에 보호하고 싶은 마음이 앞서는 것은 가능할까.

1981년 1월, 체육관 대통령과 헌법 개정으로 세상은 어수선했다.

카오스를 견디는 나만의 방법이 어학 공부다. 나는 제2외국어였던 불어를 더 공부하고 싶어 알리앙스 프랑세즈 학원에 다니기 시작했다. 인연은 예고장도 없이 불쑥 나타난다. 열다섯 명 수강생 중에 선글라스를 낀 여학생과 중년의 여성 경호원이 눈에 띄었다. 학생들이 수군거렸다.

"쟤가 대통령 딸이러."

경호원이었던 이복실 선생(얼마 전 코로나19로 돌아가셨다)은 항상 내 옆자리에 앉아 같이 수업을 들었다. 당시에 나는 온통 불어에만 관심이 있었던 터라. 레벨이 올라가면서 종로의 YMCA 어학원으로 자연스럽게 자리를 옮겼다.

3월이 되어 개강을 한 후 우리는(경호원과 그녀와 나) 우연히 교정에서 만났다. 바람이 많이 불어서 꽃샘추위가 유독 맵게 느껴지던 날이었다. 서울대학교 정문에서 본관까지 가던 도중, 그녀가 알은 체를 했다.

"어? 너 여기 다니네."
"응…."
"난 인문 계열이야. 너는?"
"난, 사회 계열."
"너 요즘도 불어학원 다녀?"
"응, 종로 YMCA. 저녁 7시 반."

"나도 가도 돼?"

"…그럼. 되지."

사람에 대한 선입견이 없었던 나는 교정에서 혼자 수업 듣고 혼자 밥 먹는다는 그녀가 눈에 밟혔다.

"구내 식당 가서 밥 먹자!" "학원 가자!"

박력 있게 손을 잡아끌었다. 나중에 그녀가 그랬다. 친한 친구들조차 피하고 따돌리던 자신에게, 처음으로 손 내밀어준 내가 눈물 나게 고마웠다고. 하지만 자아가 유독 강했던 전효선은 대통령의 딸이라는 프레임에 저항해 점점 자기만의 세계로 빠져 들어갔다. 독일 유학파 지식인 전혜린을 동경했고, 자주 자살을 입에 올렸다. 밤에 잠이 깨면 그녀가 걱정이 되어 쉬 잠이 들지 못했다.

'자살하면 어떡하지? 혼자서 죽으면 어쩌나?'

연민의 마음은 차츰 순정이 되었다. 그렇게 데이트라는 걸 시작했다. 종로 2가에서 도저히 무슨 뜻인지 알 수 없는 어이없는 연극도 보고 경양식 펍에서 땀이 올라오도록 맥주도 퍼마셨다. 이복실 경호원이 멀리서 우리를 따라다녔다. 81년 8월, 그녀가 미국으로 유학을 떠난 후, 마음은 더 애틋해졌다. 친구들과 떠난 MT에서도, 영화 <빠삐용>의 주제곡을 들으며 찔찔 짜는 내 모습은 처량했다. 우체통을

뒤적이며 편지를 기다리고, 비행기가 지나다니는 하늘을 올려다보고. 모든 유행가가 내 얘기 같았다.

'이런 게 사랑이로구나.'

우리는 1981년 1월에 만나 84년 여름에 약혼을 하고 85년 6월에 결혼했다. 청와대 상춘재로 친구들이 함을 지고 들어갔다. 함 값으로 받은 돈으로 술을 너무 많이 마셔 차 안에서 토했다. 청와대 영빈관에서 처음으로 치러진 결혼식, 예물로 받은 30만 원짜리 갤럭시 시계, 목걸이 하나, 링 반지 하나, 제주도 칼 호텔에서의 3박 4일을 보내고… 학위를 따러 워싱턴 조지타운 대학으로 떠났다.

공부도 정치도 핵심은, 암기력

공부도 사랑도 정치도 항상 마음의 시작은 '연민'이었다. 부모의 울분을 풀어드리고 싶어 공부를 했고, 방황하는 여자에 대한 염려로 동행자가 되었다. 정치도 다르지 않았다. 이념이나 군중이 아닌 생활 속에서 마주한 사람에 대한 반가움이 점차 어여쁨으로 커져갔다. 어여쁨이 귀함으로 변하는 화학작용에 술이 도움이 됐다. 귀한 마음이 들면 그들의 고충과 민원을 해결해주고 싶어진다. 집사 기질, 해결사 기질이 발동하는 것이다.

**플레이어(Player 실행자) 기질의 바탕에는
프레이어(Prayer 기도자)의 씨앗이 있었으나
그것을 깨달은 것은 선거에서 고배를 마신 이후였다.**

그전에, 나에게 사랑의 육체적 출발은 암기력이었다. 영어 단어를 외울 때, 선생님은 어근을 가르쳐주었다. Colitis는 대장염, Bronchitis는 기관지염, 위염은 Gastritis… 아 염증은 tis로 끝나는구나. 그러면 늑막염은 뭘까? 늑막염은 Pleurisy. 이건 다르네. 혼자 깨우치는 즐거움이 컸다. 레슨1부터 마지막 단원까지 영어 교과서를 통째로 암기해버리면 선생님들은 "상현아, 이 문장 맞니? 이 표현이 맞는 거야?" 하고 스스럼없이 물어보고 감탄하고 미더워하셨다.

암기를 잘하면 사랑받았기에, 더 사랑받기 위해 암기를 했다. 이름을 불러주는 것이 정치의 시작이다. 마지막까지 놓치지 않아야 할 것은 피드백을 주는 것이다. 현대의 정치는 더욱 그러하다. 크고 거대한 군중을 상대로 하는 것 같지만, 기실 매우 개별적이고 미세한 상호작용이다. 술자리에서 50명을 만나고 헤어질 때도 나는 한 사람 한 사람의 눈을 맞추고 이름을 정확히 호명한다. 집으로 돌아오면 새벽까지, 명함에 적은 메모를 바탕으로 호명한 이들에게 문자 메시지를 보낸다. 내 손으로 일일이, 정성을 담아. 그렇게 저장된 데이터가 5만 명에 이른다.

정치는 암기력이다. 수만 명을 뭉뚱그린 흐릿하고 추상적인 얼굴이 아닌, 개별자로 선명하게 기억하는 것이다.
그 누구도 분별된 개인을 함부로 할 수 없다.

이름을 불러주는 것. 그것이 사랑의 시작이고 정치의 시작이다. 이름을 부르면 안다. 세상에 귀하지 않은 이름이 없다는 것. 애틋하지 않은 인생이 없다는 것. 성경에서 절대자인 신과 인간의 관계가 진실하게 무르익을 때는 이름을 부를 때다. 선악과를 따먹는 죄를 범한 후 수치심에 숨어버렸을 때도, 하나님은 정죄하지 않고 인간의 이름을 부른다.

"아담아, 네가 어디 있느냐?"
사랑에 애가 탈 때는, 두 번을 연거푸 부른다.
"아브라함아, 아브라함아!"

그래서 나는 내 앞에 앉은 이의 이름을 외우고 이름을 부른다. 형이라 부르고 동생이라 부른다. 위계가 아닌 관계를 부른다. 사회가 진화할수록 개인의 힘은 커지고 개인이 깊어지면, 문명은 더 좋아진다. 그렇게 정치는 한 사람, 한 사람에게 깃든다. 그 한 사람 한 사람을, 지혜와 자유의사를 갖는 독립된 인격 '페르소나'로 부른다.

윤상현 정치 아포리즘

> **"**
> 나는 **내 앞에 앉은 이의 이름을 외우고 이름을 부른다.**
> 형이라 부르고 동생이라 부른다.
> **위계가 아닌 관계를 부른다.**
> 사회가 진화할수록 개인의 힘은 커지고 개인이 깊어지면,
> 문명은 더 좋아진다.
> **그렇게 정치는 한 사람, 한 사람에게 깃든다.**
> **"**

The Player | 더 플레이어

윤상현 정치 아포리즘

2.

정치,
중요한 건 꺾이지 않는
마음

윤상현 정치 아포리즘

시대의 빌런

비극의 현대사에 책임이 있는 '시대의 빌런'과 나에게 인생을 가르친 '위엄 있는 사내'가 한 사람 안에 공존하는 사실은, 나를 적지 않게 곤혹스럽게 했다. 동시에 그 치열한 모순으로 인해 나는 겹눈을 가진 인간으로 성장했다. 민심을 생각하는 정치인으로서의 삶, 부하를 사랑하는 군인으로서의 삶… 상명하복과 하극상의 분열된 세계 속에서 그분은 '대통령이 잘돼야 국민이 잘된다'는 논리로 자존을 지탱했다.

한때는 가족의 일원으로, 지금은 공당의 정치인으로, 그 과정에서 일어난 일들을 어떻게 분별력 있는 언어로 설명해야 하는지, 나는 노력 중이다. 그 물리력과 사회경제적 공과와 국제 정세, 민심의 향방과 법리, 봉합해야 할 상처까지. 치열하게 공부하고 성실하게 들으면 답이 나올 것이다. 늘 그랬듯이.

'사람이란 누군가의 알 수 없는 사정을
들여다보려 애쓰는 거 아닌가…'
"민족이고 사상이고, 인심만 안 잃으면
난세에도 목심은 부지하는 것이여."
-정지아 소설 《아버지의 해방일지》 중에서

미국 일기

미국의 저명한 국제정치학자인 헨리 키신저 박사를 그의 맨해튼 아파트에서 만났다. 키신저가 믿고 추천서를 써주어 85년 가을 학기부터 87년 5월까지 조지타운 대학교에서 석사과정을 마칠 수 있었다. 미국 시절을 생각하면, 한여름 에어컨이 고장 난 중고차를 타고 땀 흘리던 기억이 난다. 감옥 같던 한 평 반 크기의 도서관 스터디 룸에서 엉덩이에 종기가 날 것처럼 씨름하던 나날들. 영어에 자부심이 컸던 내가 조지타운 대학 내 어학원에서 반벙어리가 되어, 남미 애들이 엉터리 영어로 신나게 떠드는 걸 지켜보는 것은 컬처 쇼크였다.

"네 에세이는 평균 73점이다. 더도 덜도 아니다. 나는 누구도 차별할 수 없다. 너나 흑인이나 백인이나 어느 나라 사람이건 나는 똑같이 대한다."

인간미라고는 하나도 없는 미국인 교수는 학점에 하소연하는 내 편지에 서늘하게 반응했다. 영어 에세이라고는 처음 써보는 내가 첫 주에 받은 학점은 D.

충격이었다. 한 과목당 일주일에 두세 권의 책을 읽고 논평하는 영어 에세이는 이제껏 내가 했던 공부와는 차원이 달랐다. 에세이가 뭔지, 리서치 페이퍼가 뭔지, 읽어야 할 리스트를 받아들면 딱 죽고만 싶었다. 처절한 마음으로 착하게 생긴 동급생을 찾아가 고기를 사주며 간청했다.

"헬프 미, 플리즈."

몰몬교도였던 그 친구 곁에 딱 붙어서 책의 에센스와 논쟁을 끌어내는 법을 배웠다. **부끄러움과 약함을 드러내고 도움을 요청했기에, 문제해결의 실마리가 풀렸다.**

한 주 한 주 노력할수록 성적은 차츰 자리를 잡아갔다. 그 다음 주엔 C-, 그 다음 주엔 C, A-까지 올라가는 데 15주가 걸렸다. 산술적으로 평균을 내면 78점, C+로 얄짤이 없었다. 외국인 학생이 처음 와서 지속적으로 발전하고 있으니 '정상 참작을 해달라'는 내 요구에 미국인 교수는 콧방귀도 끼지 않았다. 따져보면 미국 교수들의 인정머리 없는 공정함 덕에 나는 제대로 빡빡하게 공부할 수 있었다.

매들린 올브라이트(미국 첫 여성 국무장관), 진 커크패트릭(네오콘의 대모), 키신저 박사, CIA 국장 등 당대 내로라하는 정치학계 거물과 정계 실세들이 초대되어 토론하는 특강 수업에서 많은 것을 배웠다. 담당 교수였던 도날드 그렉(아버지 부시의 국가안보 보좌관, 전 주한미국 대사)은 치열하고 실제적인 커리큘럼으로 학생들을 초긴장시켰다.

나는 아랍을 맡고 아랍 학생은 아시아를 맡아 일주일의 국내 뉴스를 팔로업 한 후, 미국 정치와 외교 정책에 대입하는 크로스 프레젠테이션을 하는 식이었다. 정책 결정자에게 7분 내로 이슈를 브리핑해서 가장 합리적인 결정을 이끌어내도록 하는 시뮬레이션 수업도 하드코어였다. 모든 수업이 글로벌 현안과 긴밀하게 관련이 있었다. 그렉이 국가안보 보조관으로 일하는 백악관 옆 행정 빌딩에서 우리는 피 튀기게 토론하고 스릴 넘치는 학점을 받았다.

87년 5월, 조지타운 대학교 외교학 석사 졸업 시험을, 나는 최고 우등으로 패스했다. 교수도 인정해준 점진적 발전이었다.

한국으로 들어갔다 다시 미국으로 건너 와서 조지 워싱턴 대학 박사 과정을 시작한 때는 91년 9월. 2년 반이 넘는 시간을 연희동 식구들 뒷바라지에 쓴 뒤였다. 조금이라도 시간을 아껴 쓰기 위해 학교에서 10분 거리, 북부 버지니아 알링턴 카운티에 아파트를 얻었다. 조지타운 대학의 맞은 편, 포토맥 강을 낀 아름다운 지역이었다. 겉으론 세계 정치의 수도 워싱턴D.C.에서 다시 신화를 쓰리라 호언했지만, 속으로는 겁을 집어먹었다.

'굳은 머리로 따라잡을 수 있을까. 내가 다시 공부할 수 있을까'.

서울대 경제학과 동기들은 이미 박사를 패스했고 '늦었다'는 생각에 불안하고 조급해졌다. 막상 학기가 시작되자 본능적으로 승부욕이 발동했다. 정규 커리큘럼이 세 과목이면, 나는 다섯 과목을 들겠다고 학장을 찾아가 설득했다. 새벽부터 밤 그리고 다시 새벽까지. 하루 열다섯 시간씩, 김밥과 햄버거를 싸가지고 다니며 죽자고 공부에 매달렸다. 오래 달리기를 100m 주력으로 돌파하는 가혹한 스피드였다. 기록은 전 과정 평균 점수 A였다.

'엉덩이의 시간'을 견뎌내기 위해서는 정신과 육체의 균형이 필요했다. 예를 들어 공부로 머리가 무거워지면 운동을 해서 열을 아래로 내리는 식이다. 주말이면 유학생 후배들과 다른 나라 학생들을 불러 모아 축구 대항전을 했다. 축구는 지구상에서 가장 아름다운 전쟁이다. 유학생들끼리의 친선 시합이었지만, 한일전의 열기는 월드컵 저리가라 할 정도로 뜨거웠다. 두 시간 열심히 공을 찬 후, 한국식당에 우르르 학생들을 몰고 가서 시원한 맥주를 사먹이곤 했다. 원 샷, 스트레이트로, 세 캔씩. 태평양 바다 위에서 최고급 샴페인을 뿌려준다 해도 바꾸고 싶지 않은 맛이었다.

막판에 빡빡하게 굴던 유대인 교수 때문에 8개월 동안 논문이 딜레이 되었던 스트레스만 빼면, 공부와 운동에 푹 빠져 보내던 꽤 만족스러운 날들이었다. 술 잘 마시고, 공 잘 차고 에너지 넘치는 '오지라퍼'. 사람 좋아하고 공부 좋아하는 워싱턴의 삼십대 '인싸' 윤상현. 나는 힘이 넘쳤고 그렇게 99%까지 피치를 올려, 남들 7년씩 하는 박사를 94년 5월, 3년 8개월 만에 마쳤다. 그리고 모든 순조로운 인생에는 늘 그렇듯 대가가 따랐다. 치열하게 사는 동안 아이 엄마와 나는 점점 멀어지고 있었다.

행복했는가, 라고 묻는다면

스물셋, 이른 나이에 결혼했지만 이혼은 한 번도 생각해본 적이 없었다. 합가의 기쁨을 나눈 이에게 등을 보이는 일도, 아이를 낳은 이의 등을 바라보는 일도. 내 인성으로는 상상할 수 없는 일이었다. 하지만 어느 사이 문은 열리고 어두운 상상은 조금씩 현실이 되어갔다.

조지워싱턴 대학 박사 학위를 끝낸 후, 나는 워싱턴D.C.에 남아 존스 홉킨스 대학의 고등국제관계대학원에서 초빙교수로 석·박사들을 가르쳤다. 아이 엄마는 영문학 박사 과정을 공부하겠다고 뉴욕 대학으로 애들을 데리고 떠났다. 워싱턴 알링턴카운티의 아파트와 딸들이 있는 뉴욕 브루클린 하이츠를 정신없이 오가며 예감했다.

'그녀와 나의 나날이 끝났다는 것을.'

그 사람은 전혜린을 동경한 염세주의자, 멜랑콜리한 영혼을 가진 아웃사이더였고 나는 케네디, 처칠… 상남자 스타일에 매료되는 인사이더였다. 서로의 차이는 시간이 지날수록 극명해졌다. 달라서 끌렸지만 달라서 더는 함께 달려갈 수 없게 되었다.

오순도순 마트에서 장을 보고 한국비디오 테이프도 빌려보면서, 무럭무럭 자라는 아이들을 뿌듯하게 바라보았던 미국 시절.

…행복했는가… 라고 묻는다면,
'시위를 벗어난 첫 화살'처럼, 들뜨고 속절없어 그만큼 소중한 날들이었다.

…두 집 살림을 하면서도 여전히 나는 두 딸을 학교에 데려다주고, 집안일을 해주시는 척척 어른과 마트에 가서 장을 봤다. 얼마간을 뉴욕에 묵고 워싱턴이나 서울로 돌아갈 즈음이면, 아이들은 귀신같이 알아채고 낯빛이 어두워졌다. 밤에 데리고 누워 자면 나이 어린 막내가 애처로운 목소리로 칭얼거렸다.

"아빠, 가지 마. 안 가면 안 돼?"
"…아빠, 또 올게."

심성이 착했던 아이들은 다음 날이면 울지 않고 크게 뜬 눈으로 아빠를 배웅했다. 부모의 내홍을 아는 아이들로 살아간다는 것은 얼마나 사무치게 연약한가….

공항에 도착하면 내 가슴이 헤진 수세미가 되곤 했다.

그렇게 1985년 초여름에 시작됐던 그녀와의 결혼 생활은 1997년 가을, 서울대학교에서 가르치면서부터 미국과 한국을 사이에 두고 오랜 별거로 이어졌다. 나이 드신 부모와 자라는 아이들을 케어하는 데 각자 최선을 다하는 건 변함이 없었다.

정치는 용서하고 용서받는 것,
DJ의 가르침

　　DJ 어른을 처음 만난 건, 94년 5월 박사 학위를 마치고서였다. 동교동 자택에 들어선 순간, 머리 뒤에서 광채 비슷한 것이 올라오는 것을 보고 깜짝 놀랐다. 기운의 사이즈가 범상치 않았다. 종교와 인문 철학에 두루 박식하고 그 당시 나의 질문이었던 천주교 신앙을 가지고 정치를 하는 것에 대해서도 조분조분 설명해주셨다. 국제 정치를 전공한 나보다 세상 돌아가는 것에 대한 정보가 더 정밀하고 해박해서 놀랐다. 이희호 여사가 아침밥을 차려줘서 함께 찾아간 권노갑 최고위원과 넷이 화기애애하게 식사했던 기억이 난다.

　　첫 만남 뒤로 워싱턴에 올 때마다 DJ 어른은 숙소인 워터게이트 호텔로 나를 불렀다. 당신의 처조카인 이영작 박사(미국에서 한국인권문제연구소를 세웠다)와도 인사시켜서 교분을 쌓도록 했다. 도량이 크면서도 꼼꼼해서, 측근을 통해서라도 메시지를 전하고 했던 약속은 반드시 지키는 깔끔한 분이었다. DJ의 노력이 있었기에 연희동 영감의 사면도 가능했다. 현직 대통령이었던 YS에게 강하게 건의해서, 97년 12월 국민대통합 차원에서 수감 중이던 두 전직 대통령이 사면되었다.

　　DJ는 대통령이 된 이후에도 전직 대통령들과 함께 연희동 어른들을 주기적으로 초대해 저녁 식사를 대접했다. 후대의 대통령들이 깊이 본받을 점이라고 생각한다. 자신에게 사형 선고를 내렸던 사람

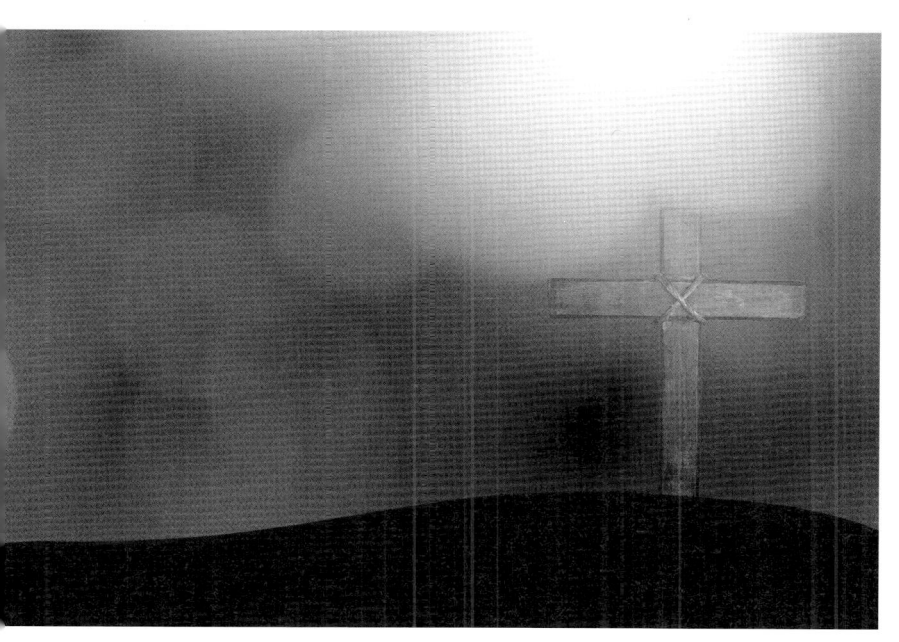

을…, 나라면 돌덜미에 올가미의 공포가 섬뜩할 터인데…, DJ는 마치 노역을 함께했던 옛 동업자 대하듯 연희동 어른을 극진히 예우했다. 대체 저 초월한 듯한 아량은 어디서 오는 걸까. 나중에 이해찬 대표의 회고록을 보니, 그가 사형을 언도받고 감옥에 있을 때도 동료 수감자들에게 '절대 보복하지 말라'고 당부했다고 한다.

정치란 어쩌면 잘 용서하고 잘 용서받는 일이라는 것을, 나는 DJ를 보고 어렴풋이 느꼈다.

정치, 중요한 건 꺾이지 않는 마음

1998년 2월, DJ가 대통령으로 취임했다. 그전까지 DJ와 교류하고 지냈으나 정작 당신이 대통령에 오른 후에는 근처에 얼씬도 하지 않았다. 바라는 게 있는 사람처럼 보일까 봐. 실제 정치에 뜻을 두지 않았으니 바랄 것도 없었다.

나는 모교인 서울대학교 앞에 혼자 아파트를 얻어 살면서 학생들을 가르쳤다. 서울대 전임 교수로 정착할 줄 알고 자신만만해했는데… 그것조차 쉽지 않았다. 학생들은 영어 강의에 유창한 나를 좋아했다. 열정적으로 가르친 후 공차고 술 사주니 선배처럼 허물없이 따랐다. 수강 신청은 만원이었고 수업 평점과 인기는 최고였다. 나 또한 미국에 딸들을 두고 서울에 외롭게 나와 있으니, 좋은 스승으로 학생들의 존경과 사랑을 받고 싶었다. 어린 시절 나에게 Friday, Saturday 어학의 싹을 틔어준 영어 선생님, 아들처럼 믿어준 조정순 선생님, 백악관의 행정가로 픽업할 것처럼 맹렬하게 가르쳤던 미국의 그렉 교수처럼.

나는 평생 모범생이었고 곧게 뻗은 직선도로를 전속력으로 달려왔다. 그러면 모든 게 다 잘될 줄 알았다. 아니었다. 운이 좋으면 우정 어린 페이스메이커가 붙지만, 대체로 불시에 닥쳐 속도위반 딱지를 끊는 사람이 도처에 있었다. 경제학을 전공했던 내가 국제정치학 전공자의 전임 T.O를 깎아먹는다고 주임 교수 한 분이 끝까지 임용을 반대했다. 갈수록 일이 개운하게 풀리지 않고 알 수 없는 힘에 의해 발목을 잡히는 느낌이었다.

교착 상태에 빠져 우울한 시간을 보내던 1999년 12월 어느 날, 평소 가까이 알고 지나던 한나라당 이회창 총재의 사위 최명석 변호사와 이명우 보좌관이 뜻밖의 제안을 했다.

"형은 사람을 좋아하니 정치를 하는 게 좋겠어."
그렇게 한쪽 문이 닫히자 새로운 문이 열렸다.

2000년 1월은 새로운 밀레니엄의 시작으로, 전 세계가 환호로 출렁였다. 그런 흥분된 분위기 속에서 나는 라마다 르네상스 호텔에서 한나라당 인사들을 만나 본격적인 '정치 입문'에 들어갔다. 내 나이 서른아홉. 당시 야당 실세였던 이회창 총재가 386 대표 주자로 나와 원희룡, 오세훈, 고진화, 정태근을 수도권 5인방으로 내세웠다. 나름대로 첫 정계 진출을 꼼꼼하게 준비하고 기다렸다. 그러나 여의도 텃세는 만만치 않았다.

첫 등용문이었던 2000년 4월 동작을 공천, 이후 이어진 2002년 8월 8일 재보궐 선거 하남 공천도 도두 탈락했다.

4월 동작을 공천은 '부부 사이가 멀다'는 제보로, 8월 재보궐 선거는 'YS 아들도 안 준 공천을, '전두환 사위'에게 주는 건 형평에 어긋난다'는 이유로… 손바닥 위에 펄떡이던 물고기를 눈앞에서 도둑맞은 것 같은 허탈감이 몰려왔다.

합리적인 원칙을 세우기보다, 출신과 사생활을 허물 삼아 목소리 큰 사람이 순식간에 손바닥 뒤집듯 뒤집어버리는 공천 방식에 나는 적잖이 상처받았다.

교수로서 티칭 능력과 평판이 좋아도, 경제학 학부 전공자가 정치학 T.O를 갉아먹어서 안 된다던 '교수 임용의 낡은 룰'이 여기서도 반복되고 있었다. 이런 경험이 거름이 되어 후에 내가 공천 실무를 맡았을 때, 휘둘리지 않고 합리적인 의사 결정을 밀어붙일 수 있었다.

당장은 결과에 승복하는 게 우선이었다. 마음은 쓰리지만 위기일수록 '크게 보고 멀리 보자'고 생각했다. 내가 준비해둔 전략과 설비로 다른 공천받은 후보자를 성심껏 도왔다. 당의 성공이 나의 성공이라고 생각했다. 그 모습을 눈여겨본 이회창 총재가 나를 대통령 후보 정책특보로 발탁했다.

ē-tãr′ i-ăn, a.
ety; of a social
e-tãr-y, a
e-ty, n.; pl.
from
Partnership;
os.]
The relations
en associated
lowship; comp
ciety.
number

윤상현 정치 아포리즘

The Player | 더 플레이어

> **가슴이 먼저 움직이는 일에는,**
> 청년 시절부터
> 유불리를 따지지 않았다.

아무런 연고도 없는 곳,
인천상륙작전

　모르는 사람들은 내가 '전두환 사위'로 보수 진영에서 금수저를 쥐고 정치를 시작한 줄 안다. 앞서 고백했듯이 나의 출신은 내가 넘어야 할 산이고 내가 풀어야할 숙제였다. 사람 좋은 '윤 서방'이라는 백그라운드를 지우고, 글로벌 시대에 정치 외교적 식견을 갖춘 전문가 '윤 박사', 확장형 리더십을 지닌 직업 정치인으로서 나를 정치 무대에 어필해야 했다.

　2002년 12월, 한나라당의 이회창 후보가 대통령 선거에서 또 한 번 고배를 마신 후, 2003년 5월 최병렬로 당대표가 교체됐다. 얼마 되지 않아 여름 즈음에, 독수리오형제라고 불린 다섯 명의 의원이 탈당하면서 인천 남구, 금천, 광진구 등에 다섯 개의 빈자리가 생겼다. 지난 88재보궐 선거 공천 순위 1위였던 나에게 가장 먼저 지역구 선택권이 주어졌다. 사람들은 가장 번듯해 보이는 광진구를 권했지만, 나는 인천으로 가겠다고 했다. 호전성은 없지만 승부욕만큼은 강한 기질 탓이었으리라.

　"왜 하필 인천이냐? 연고가 있냐? 잘 아는 곳이냐?"
　"아니다. 학연, 지연, 혈연, 하나도 없다."

　인천은 유서 깊은 국제도시다. 동시에 세계를 향해 열린 항구로 개방성과 다양성을 갖춘 잠재력 넘치는 미래형 시티다. 나는 노무현 대통령이 2003년 초, 인천을 뉴욕 같은 도시로 만들겠다고 발표한 것을 기억해냈다. 새로운 물류와 문화가 움트는 역동적인 플랫폼에, 나의 글로벌 전문성이 합쳐지면 좋은 시너지가 날 것 같았다. 시쳇말로 국제적인 물에서 좀 놀아본 사람이, 이곳에 쓰임이 있지 않겠는가.

가슴이 먼저 움직이는 일에는, 청년 시절부터 유불리를 따지지 않았다. '어느 지역 출신인가'는 중요하지 않았다. 이 지역을 위해 가장 필요한 사람이 와야 하고 쓰임 받아야 한다.

새로운 바람은 언제나 내부가 아닌 바깥으로부터 불어오지 않았던가. 2003년 8월에 두 작정 짐을 싸들고 인천으로 갔다. 아는 사람이 아무도 없었다. 뉴욕보다 더 낯선 곳이었다. 지역구가 있는 동네에 천만 원에 30만 원을 주고 월세 아파트를 얻었다. 여의도에서 인천 아파트까지 차를 타고 가니 40분이 걸렸다. 지인에게 소개받은 인천 사람 김동진이 나를 데리고 수봉산에 올라가 동네의 지형과 분위기를 차근차근 설명해주었다.

'이곳에서 새 삶이 시작되는구나.'

산 위에 올라 숭의, 용현, 학익, 도화, 주안, 관교, 문학동… 수봉산과 문학산 사이 시가지를 내려다 보니 가슴이 벅차고 목이 메었다.
'이 아름다운 지역을 위한 나만의 로드맵을 그리자.'

후에 남구는 미추홀구라는 수려한 작명으로 다시 태어났다. 다행히 인천 사람들과 처음부터 '케미'가 잘 맞았다. 처음엔 '전두환 사위, 이회창 특보'라는 특이한 '레테르'에 대한 호기심이 앞섰겠지만, 점점 정 많고 소신 있는 사람들이 모여들기 시작했다. 그들과 점심은 중국집에서 배갈을 나눠 마시고, 저녁은 고기 집에서 폭탄주를 돌리며 지역 민심을 두루두루 알아갔다. 석양빛과 바닷바람에 얼굴이 깎였고, 허물없는 섞임에 살아 있다는 충만감이 들었다. 그해 가을, 지구당위원장 자리를 두고 지역 토박이 출신인 시의원과 변호사, 나… 셋이서 치른 경선에서 더블 스코어 차이로 이겼다.

2003년 9월, 인천 남구 을에서 한나라당 지구당위원장이 되었다. 아무런 연고 없는 곳에서 거둔 첫 승리였다.

낙선 인사

"윤 서방. 너, 나 때문에 떨어진다. 이혼하고 나가라. …네 정치 인생에 부담만 될 거다."
"싫습니다. 저 비굴한 놈, 됩니다. 아버님 관계 끊지 않고 나가도, 이길 수 있습니다."
"너, 무슨 배짱이냐?"
"저, 자신 있습니다. 노력하면 됩니다!"

2004년 4월 총선을 앞두고 '당신이 짐이 될 거'라는 연희동 영감의 우려를 안심시키기 위해, 나는 큰소리를 쳤다. 가족은 유불리를 따질 수 없이 내가 안고 가야 할 책임이었다. 선거 여론조사에서 15% 앞서고 있었기에 실제로 이길 자신도 있었다. 인천 구도심에서 뻗어나가는 상서로운 변화의 기운, 지역민의 호의를 나는 철썩같이 믿었다.

결과는 424표 차이였다. 노무현 대통령에 대한 탄핵 역풍이 거세게 불었다. 신은 빠르게 치고 올라가려는 나의 들뜬 영혼을 주저앉혔다. 9만 6천 몇백 표 중 424표가 모자라다니! 믿을 수가 없었다. 수도권의 벽은 높았고 그만큼 낙심이 컸다. 나는 정말로… 떨어질 줄 몰랐다.

"수고했다. 잘 싸웠다."
"연고도 없는 곳에 가서, 몇 달 만에 이 정도 성과면 대단하다."

주변의 위로에도 꺾인 무릎이 세워지지 않았다. 그렇게 주저앉아 있는데, 순간 머리통 한가운데를 가르고 한 줄의 문장이 스르르 지나갔다.

'오직 그가 나의 길을 아시나니
내가 정금같이 단련된 후에 나오리라.'

성경의 욥기였다. 그랬구나… 내가 연고도 없는 수도권 지역에 와서 9개월 만에 당선됐다면… 젊은 나이에 얼마나 교만해졌을 것인가. 신은 내가 더 밑바닥으로 내려가길 바라시는구나. 완전한 저자세로, 인천 서민들의 삶 가까이에서 정금같이 단련되길 바라시는구나. 이 모든 것이 나의 모자람이고 나의 복이구나. 그동안 집 근처 교회를 다녔지만, 정치인들이 으레 그러듯 마음은 콩밭에 가 있었다. 오랜 냉담자에 말 그대로 '나이롱 신자'였던 나는, 그 순간 하나님의 인도하심에 가슴이 미어졌다. 이 패배를 소중히 여기자. 감사의 '낙선 인사'를 하자. 다음 날부터 꺾였던 무릎을 세워 두 달 가까이 신발이 닳도록 낙선 인사를 다녔다.

"당선된 안영근은 안 보이는데, 낙선된 윤상현이 더 자주 보이니 어찌 된 일이요? 거, 누가 당선된 건지 헷갈리네. 허허."

만나는 주민들이 웃으며 농담을 했다. 4년 후에 그 모든 것이 밑거름이 됐다.

애매한 부부에서 애틋한 친구로

　선거를 치르고 낙선 인사까지 마친 후, 아이 엄마와 나는 법원을 찾아가 이혼 신고를 했다. 2005년 여름, 그 사람의 바람대로 우리는 애매한 부부에서 애틋한 친구 사이가 됐다. 아무도 반대하지 않았다. 어른들은 늙으셨고, 두 딸은 부모를 이해할 만큼 훌쩍 자랐다. 나는 완전한 혼자가 되었고 주말 새벽이면 나의 주민들이 있는 인천의 산과 교회를 겅중겅중 뛰어다녔다. 외롭고 바쁜 날들이었다.

3.

일요일의 남자

홀로 서기… 어른이 된다는 것

윌리엄 골딩의 소설 《파리대왕》은 한 사회에 신뢰할 만한 권위를 가진 어른이 없을 경우, 그 사회가 어떻게 후퇴하고 악마적으로 되어가는지 생생하게 그려낸다. 비행기 사고로 외딴 무인도에 아이들만 남게 되었다. 아이들은 처음에는 나름대로 규칙을 정하고 문명사회를 만들려 하지만 생각과는 달리 차츰 무자비한 야만사회가 되어간다.

"어른들은 사리에 밝아. 어른들은 어둠을 무서워하지 않아. 모여서 차를 마시고 토론을 하지. 그러면 만사가 제대로 돌아가게 돼."

아이들은 캄캄한 어둠 속에서 어른들의 세계에 대한 이야기를 나눈다. 그러다가 절망적으로 소리친다.
"어른들이 어떻게 할지 알려주기만 한다면… 무슨 신호라도 보내준다면…."

살면서 가끔 그런 비명을 지르고 싶을 때가 있다. 가정에서든 사회에서든 나 혼자 처리하기 힘든 갈등에 처했을 때 '어른이 이걸 어떻게 할지 알려주기만 한다면… 무슨 신호라도 보내준다면'이라는 간절함. 그러다 나 역시 '어른'으로 홀로서기를 해야 될 때가 왔다는 걸 뼈저리게 느꼈다.

오래전 방영되었던 다큐멘터리 <남극의 눈물>에 등장한 황제펭귄의 허들링은 '철없는' 어른과 '머리 큰' 청년들로 양극화된 인간 사회에 따뜻한 파문을 일으켰다. 황제펭귄의 허들링이 감동적인 이유는 그 '어른스러움'이었다.

바깥보다 10도 정도 온도가 높은 허들링 중앙에서 몸을 덥힌 황제펭귄들이 자리를 내주며 밖으로 이동하고, 바깥쪽에서 눈 폭풍을 온몸으로 막아낸 녀석들은 조금 덜 추운 안쪽으로 마치 유기체처럼 끊임없이 움직인다.
거대한 허들링 행렬에서 아무도 망설이거나 주춤거리지 않았다.

혹독한 환경 속에서 모두가 살기 위해서는 양보와 연대를 해야 한다는 것을 조류인 그들도 알고 있었다. 부모 펭귄은 공동체 속에서 사력을 다해 새끼 펭귄을 보호한다. 힘이 약한 어린 펭귄이 황새에게 질질 끌려가는 것을 본 동네 어른 펭귄들은 사력을 다해 따라가서 때로 목숨을 살리기도 한다. 사회가 어른 노릇하기가 힘든 환경이라 '어른'이 멸종 직전의 희귀종이라고 해도, 나는 윗세대 어른을 기억한다. 나를 보호해주던 어른들의 친절을 기억하고 나를 야단치고 기회를 주던 어른들의 귀한 도움을 잊지 않으려 한다.

나의 아름다운 외할머니

어린 시절 내가 기억하는 성자는 우리 외할머니. 의성 사람인 외할머니는 이웃들한테 쌀이고 농작물이고 다 퍼다 주고, 당신은 밥 한 그릇 편하게 드시지 않았다. 외할아버지가 딴살림을 차려나간 후, 할머니는 홀로 지내셨다. 언젠가, 장터 가는 버스 정류장에서 동냥하는 사람 바구니에 돈을 놓고 온 나에게 "우리, 상현이가 참 착하네" 머리를 쓰다듬어주셨다.

사는 게 힘에 부칠 땐, 문득 문득 그 장면이 봄날의 햇살처럼 떠오른다.

'우리, 상현이가 참 착하네. 어질게 커라. 독한 맘 품지 말아라.'

선한 어른이 한 사람이라도 곁에 있으면 아이는 쉽게 탈선하지 못한다. 멀리가도 자석처럼 되돌아온다. 할머니의 순한 어린 양이 되고 싶었지만, 어린 시절의 나는 그저 천방지축 개구쟁이일 뿐이었다. 어떤 날은 똥통에 빠져 똥독이 올랐고, 어떤 날은 어른들 막걸리를 배달하다가 슬금슬금 취해 해롱거리기도 했다. 무서리, 배추 서리를 하고 개구리를 잡아 뒷다리를 구워먹고, 평택 미군 부대 주변에서 아이들과 쓰레기통을 뒤져 풍선인 줄 알고 콘돔을 불며 놀았다.

구미 금오산 공군기지에서 잉태되어 수원, 평택, 대전… 전국의 공군 기지를 전전하며 컸다. 일요일 아침이면, 군인 아버지들과 아들

들이 팀을 이뤄 조기 축구를 했다. 경기가 끝나면 우르르 유성 온천에 가서 아버지와 몸을 씻고 함께 점심을 먹었다. 전학생으로 떠돌면서도 가슴에 바람구멍이 뚫리지 않은 것은, 어른의 내리 사랑과 축구가 주는 충만감 덕분이었다.

부르신 곳에서 영세를 받다

인생은 내 뜻대로 흘러가지 않는다. 10년 주기로 한 번씩 복기하듯 인생의 퍼즐을 맞춰보면, 처음부터 크고 원대한 신의 섭리 안에서 '일어날 일들이 차례로 일어났을' 뿐이다.

'그래서, 그때, 그랬구나!'
'저래서, 저때, 저랬구나!'

양손으로 맞장구를 치다 보면 어느덧 기도하는 손이 된다. 신과의 거리가 가까워질수록 퍼즐 조각의 아귀는 좀 더 분명해진다.
 중학교 시절, 이광수의 《흙》에 나온 '용서의 아이콘' 허숭이라는 인물에 왜 그렇게 빠져들었는지, 새벽에 일어나 윤동주의 서시를 읽으면 왜 그렇게 가슴이 뜨거웠는지….
 시인 윤동주는 북간도의 기독교 공동체 명동촌에서 나고 자랐다. 간도, 서울, 동경으로 이어지는 28년의 짧은 생애를, 청년은 부끄러움을 아는 맑은 눈으로 힘 있게 살았다. 순수한 영혼에 대한 동경이, 사춘기 시절 내 마음을 사로잡았다.

"아부지, 저는 안 들어갈랍니다."

대학교 시절, 대퇴부 수술을 하신 아버지를 신림동 성당에 모셔다드린 후, 근처를 배회하곤 했다. 자아가 강해 신을 거부하던 시절

이었고, 성당 문 앞에 엎드린 앉은뱅이를 본체만체 쌩하니 지나가는 신자들의 모습도 실망스러웠다.

'하느님 믿는 사람들이 더 인정머리가 없구나. 안 보이는 하느님 한테 갖다 줄 돈은 있으면서 배고픈 사람은 눈에 뵈지도 않는구나!'

마음속으로 비웃었다. 아버지가 내 이야기를 본당 신부에게 전한 모양이었다. 그 일로 엎드려 구걸하던 분은 도움을 받았다. 신부님이 나를 한번 만나보고 싶다는 이야기를 바람결에 전해 들었다. 연유는 정확히 기억나지 않지만, 어느 여름 주일. 매미가 그악스럽게 울던 날. 미사 중간에 홀린 듯 '아버지!'를 부르며 성당 문을 밀고 들어간 적이 있다. 본당 중간에 앉은 한 까까머리 중학생의 뒤통수에 시선이 멎었다. 소년은 울고 있었고 창에서 들어오는 빛이 뒤통수에 반사돼 눈이 부셨다. 그 순간 주변의 모든 사람이 페이드 아웃되고, 소년의 까만 머리통만 내 눈앞에 가득 찼다. 영문도 모른 채 눈물이 솟구쳐 올랐다.

'주여, 우리를 불쌍히 여기소서.'

그로부터 10년 뒤 1992년 늦여름. 박사 과정 중에 잠시 한국에 들렀을 때, 가족들을 데리고 안성 미리내 성지를 찾아갔다. 미리내 성지는 1846년 절두산 성지에서 목이 잘린 김대건 신부를 모셔놓은 곳으로 첩첩산중에 있었다. 애들 엄마의 성화에 못 이겨 운전기사 자

격으로 따라갔던 터라, 나는 당시 세례 비슷한 것조차 받을 생각이 전혀 없었다.

'나중에 나이 들면 이곳에 와서 지내며 신과 해묵은 대화를 나눠 보리라'

그런 생각을 하며 성당 근처를 어슬렁거렸다. 머릿속에 낭만적인 미래를 시뮬레이션하던 중 우연히 수녀님들이 '어머니'라고 부르는 영성 깊은 황옥분 데레사를 만났다. 그분에게 이끌려 기도와 예언을 받았다. 내 의지와는 상관없는 인도였다.

"자네는 앞으로 교수가 아닌 정치를 할 거야."

황옥분 데레사는 마치 내 몸의 죄와 업을 다 느끼는 것처럼 대속하고 대언했다. 나는 순한 양처럼 그가 내 앞에서 그리는 미래의 상징화들을 넋을 놓고 바라보았다. 그 뒤부터 무슨 연유인지 성모 마리아만 보면 속에서 시추선이 터지듯 눈물이 터졌다. 내 몸에 그렇게 많은 물이 고여 있을 줄 상상도 못했다. 당시 사진을 보면 눈물 콧물 다 짜며 섧게 울고 있다. 한국에 머물던 두 달 동안 속성으로 교리문답을 외우고 영세를 받던 날, 황옥분 데레사는 당신이 1948년부터 쓰던 묵주를 선물로 주었다.

죄의식과 냉담자

세례 받은 가톨릭 신자로 산다는 건 축복일까, 형벌일까. 조지타운 성당에 무릎 꿇고 앉아 있으면 온갖 악한 생각들이 치고 들어왔다. 세상에 이런 방탕한 죄인이 없었다. 깨끗함 속에서 나의 온갖 더러움이 도드라지면, 등을 돌려 냉담자로 사는 편을 택하게 된다. 한동안 나는 그 누구의 높은 영성도 헤아리고 싶지 않았다. 종탑에서 종이 울리면 마음이 돌덩이처럼 무거워졌다.

오래된 기도

가만히 눈을 감기만 해도
기도하는 것이다.

왼손으로 오른손을 감싸기만 해도…
기도하는 것이다…

-이문재의 시 <오래된 기도> 중에서

충성심, 인간성

모든 인연의 바탕에는 우연과 호기심, 순수한 호의가 있다. 어떤 사람과 인연이 되느냐에 따라 인생의 방향은 다르게 흘러간다. 청년기엔 청와대와 연희동, 워싱턴과 뉴욕을 오가며 공부하는 인간으로 살았다. 중년기에 정치하는 인간으로 인생 2막의 커브를 돌면서, 나는 또 한 분의 대통령의 딸과 인연이 되어 드라마틱한 시절을 보냈다. 간간이 교류하던 박지만과의 친분으로 정치인 박근혜보다 인간 박근혜가 먼저 마음속에 자리 잡았다. 한 명의 사람에서 한 명의 정치인으로, 그분에 대한 마음은 자연발생적인 '충심'으로 모아졌다.

충심…
이라고 말하면, 굉장히 올드한 느낌이 든다. 언젠가 술자리에서 한 기자가 나에게 약간의 비웃음을 담아 질문한 적이 있었다.

"당신에게 충성심이란 무엇인가?"

"충성심은 그냥 인간성이다. 측은지심, 결초보은과 같은 것이다. 인간이라면 당연히 지닌 마음이다. 어릴 때부터 나는 부모가 거둬주신 은혜를 생각하면 항상 미안하고 고마웠다. 충성심도 비슷하다. 나와 인연이 된 사람, 추대를 받은 리더가 잘 되도록… 나는 무조건적으로 헌신한다. 자연발생적인 믿음이다."

마치 혀에 말이 고여 있기라도 했던 것처럼, 평소의 생각이 뿜어져 나왔다.

The Player | 더 플레이어

> **"**
> 충성심은 그냥 인간성이다.
> **측은지심, 결초보은과
> 같은 것이다. 인간이라면
> 당연히** 지닌 마음이다.
> **"**

윤상현 정치 아포리즘

박근혜 대표님,
박근혜 대통령님

정치인 박근혜는 내가 하남 재보궐 선거 공천 순위 1위로 추대되고도 자리를 양보해야 했던 2002년 즈음에 처음 만났다.

"윤 박사님, 도와드리지도 못하고 죄송해요. 다음에 더 좋은 기회가 있을 겁니다."

당시에 점심을 사주며 나를 위로해주었다. 한나라당 리더 시절부터 박근혜 대표는 절제력이 대단했다. 몇 시간씩 회의를 해도 자세 한번 흐트러지는 법이 없었다. 자기관리가 철저했고 옷차림과 식사도 마치 수행 중인 종교인처럼 단출했다. 부모를 흉탄에 여의고 20대에 퍼스트레이디 역할을 했던 분이라 눈과 눈 사이에 사람을 꿰뚫는 아우라가 있었다. 대표 시절에도 대통령 시절에도 주변 사람들은 이분을 어려워했다.

"각하, 각하…."

회의 시간에도 몸을 숙여 각을 잡는 사람들 옆에서 나는, 그분을 "사랑하는 우리 대표님" "존경하는 대통령님"이라고 호명했다. 공석서 그분을 "누님!"이라고 부른 적은 한 번도 없다. 세간의 오해와 달리, 내가 권력자 곁에 햇볕을 쪼이러 적극적으로 다가간 적은 없다. 오히려 권력의 기세가 높을 땐, 폐가 될까 봐 물리적으로 멀찍이 있었다. 그럼에도 나의 올곧정과 전문성을 귀히 보고 중요한 시기에 리더들에게 쓰임 받은 것을 늘 감사하게 생각한다.

좋을 때나 나쁠 때나 보스 앞에서 주눅 들지 않아서 겁 없이 쓴소리를 하곤 했다. 청년시절에 청와대와 연희동에서 몸에 밴 '사심 없이 돕는 자'의 경험이 배포가 되었다. 겉으론 '왕의 남자' '소통령'이라는 별명을 들으며 실세로 주목을 받지만, 실상은 먼지 쌓인 사무실 간이용 침대에서 먹고 자는 브레이크가 없는 '일중독자'였다.

그렇게 리더 박근혜, 정치인 박근혜에게 올인한 날들 속에서, 또 한 번 많은 것을 배우고 경험했다. 2007년 MB와 겨룬 경선, 2012년 다시 대선 후보 도전, 대통령이 되는 감격, 2013년 2월 박근혜 정부 출범 직후의 새누리당 원내 수석 부대표 1년, 재선의원으로서는 파격적이었던 사무총장 67일, 2014년 세월호, 지방 선거 승리, 2017년 3월 탄핵에 이르기까지… 실로 격동의 시간이었다.

5.16과 레이저와 리듬 플레이

2008년 18,000표 차이로 나는 인천 미추홀구을에서 초선의원 배지를 달았다. 2012년 재선의원이 된 후, 18대 대통령 선거에서 박근혜 후보의 경선 공보단장, 본선 수행총괄단장을 맡아 대통령 당선을 도왔다. 순수하고 맹렬한 플레이어로 살았다.

박근혜 의원, 박근혜 대표, 박근혜 후보, 박근혜 대통령으로 오는 동안 일련의 시간 동안 그분의 인정과 사랑도 크게 받았고 외면과 호통도 아프게 느꼈다. 어쨌든 나는 나의 보스가 불편하지 않았고, 그분에게 신뢰받았고, 그가 성공하길 간절하게 원했다.

그런 맥락에서 2007년 MB와의 대선 경선 때도, 5년 뒤 2012년 대선 캠프 전략을 짤 때도, 나는 박 후보에게 5.16과 유신에 대해 입장을 분명히 할 것을 여러 번 제안했다.

"대표님, 정치적 외연을 확장하기 위해서는 모호하게 있는 것보다 정면 돌파가 좋습니다. 산을 넘어야죠. 박정희 대통령의 유신에 대해서도 5.16에 대해서도 시대를 반영한 표현을 하셔야 합니다. 박정희 대통령은 혁명적인 문제의식을 가진 혁신가였습니다. 당면한 공산주의의 위협에 대한 대처, 가난과 부패 척결에 분명한 치적이 있습니다. 경제 발전 속도는 일본보다 다섯 배, 유럽보다 열 배나 빨랐어요. 하지만 5.16 현상 그 자체는 정치 변동 형태로 군사 쿠데타입니다. 열세 권의 교과서에 그렇게 쓰여 있어요. 그 얘기를 하셔야 합니다. 유신 시절에 인권과 정치 발전에 미흡했던 부분은 송구하게 생각하고, 그 부분을 더 나은 민주주의로 국민 여러분께 되돌려드리고 싶다고… 우리가 건너가는 현대사의 양면성을 솔직하게 인간적으로 말씀하시면 좋겠습니다.'

불편한 말을 눈치 보지 않고 다 내가 하다 보니, 때론 기색을 살피지 못해 보스의 강렬한 레이저 발사를 받기도 했다. 찌르르… 하지만 '5.16은 혁명적인 문제의식, 혁명적인 경제 변화, 그러나 그 현상 자체는 쿠데타…'로 보수 진영 내부에서도 합의된 정치 서사를 가져가야 한다고 나는 생각했다. 상대 진영의 정치 공세에 쉽게 무너지지 않도록. 의견이 다른 사람들과 토론으로 격차를 좁혀가자고. 학자의 눈과 실무자의 촉으로 정세를 가늠하고, 시대의 세계관에 맞는 언어로 정교한 가이드를 드리는 게 공보단장의 도리였다.

정치는 생물이고 사람의 일이라, 박 대표와의 관계도 사안에 따라 냉탕과 온탕을 오고갔다.

"대표님, 연설하실 때는 한 번씩 테이블을 강하게 내리치세요. 이렇게요! 탁!"

"윤 의원님, 시키는 대로 했어요. 그런데 저 책상은 무너질까 봐 안 쳤어요. 잘했습니까? (웃음)"

"네. 잘하셨어요."

"윤 의원님, 참 깨알같이 다 적어서 이렇게 알려주시고… 윤 의원님처럼 열정적인 분이 없습니다."

박 대표가 스스럼없이 고마움을 표시할 때도 많았다. 그럴 땐 어깨가 펴지고 피곤이 눈 녹듯이 달아났다. 잔정 없는 리더가 칭찬을 베풀면 두 배로 힘이 났다.

2012년 대선 캠프 중반부엔, 국회의원 정두언 체포동의안 사태가 있었다. 당시에 여러 의원들이 비리 혐의로 여론의 도마에 오르자, 여야 모두 윤리적 각성 차원에서 국회의원의 불체포 특권을 내려놓자는 분위기가 팽배했다. 이런 분위기 속에서 정두언 의원에게 솔로몬 저축은행 금품 수수 사건 의혹이 제기됐다. 정 의원은 자신은 맹세코 모르는 일이라고 진심으로 억울해했다. 정두언은 '친이계' 의원이었지만 나는 동지로서 그의 말을 믿었고, 국회에서 체포동의안 가결 쪽으로 가닥을 잡던 '친박계'를 설득해서 부결을 이끌어냈다. 계파간의 유불리를 떠나 죄 없는 동료를 사자굴 속으로 집어넣을 수는 없다고 판단했다(나중에 정 의원은 온갖 고초를 다 겪은 후 대법원에서 무죄 판결을 받았다).

그 일로 보스의 심기를 건드려 공보단장직을 내려놓았지만, 자리에는 조금의 미련도 없었다. 계파, 진영, 자리보다 사람의 중심을 보는 것이 자연스럽게 굳어진 나의 정치 스타일이었다. 이것과 저것을 택해야 할 때는 선불리 옳고 그름을 판단하기보다 멀리 보고 마음을 훼손하지 않는 쪽을 택했다. 어차피 인간은 신이 아니기에 인과관계의 처음과 끝을 헤아리는 것은 불가능했다.

그런 가운데서도 일복은 계속 끊이지 않고 내게 몰렸다. 2012년 7월 캠프 해산 후, 9월에 본격적인 선대위가 꾸려지면서 다시 후보를 모시고 다니는 수행단장 역할이 주어졌다. 연희동 시절에 그랬던 것처럼 밤에는 기자들, 경호원들 밥과 술을 챙기고, 새벽 4시면 기상해서 다섯 개 조간신문을 읽고 그날의 현안과 후보 관련 뉴스 피드백을 보고했다. 여론 조사 기관장을 접촉해서 다음 날 신문에 나올 지지율 결과를 그 전날 오후에 올리면 후보가 놀란 눈으로 쳐다보았다.

현장에서 타다닥.

리듬을 타는 멀티 플레이, 일로 '쇼부를 치며' 박 대표와 하루하루 교감을 쌓아갔다.

윤상현 정치 아포리즘

> **인간은** 사실 지배를 향한 본능보다, **다른 이들에게 지배받지 않고 싶다는 욕구가 더 강하다.**
> 나는 이 사실을 잊지 않으려 한다.

12월의 이춘상

겨울을 좋아한다. 겨울을 좋아한다기보다 겨울의 12월을 좋아한다. 겨울 아침이면 조지 윈스턴의 <December>라는 피아노곡을 자주 들었다. 음악은 늘 나를 다른 세상으로 데려갔다. 소리 없이 휘몰아치는 눈보라와 뽀드득 소리를 내며 찍히는 흰 눈밭 위의 발자욱. 차갑고 시린 12월의 새벽은 성가대 소년 같은 순수함으로 다가왔다.

그해 12월도 그렇게 설레는 마음으로 시작했다. 박근혜 대선 후보와 강릉과 몇 군데를 거쳐 춘천 풍물 시장을 마지막으로 끝나는 일정이었다. 그날 아침 7시 강릉으로 이춘상이 찾아왔다. 대선을 불과 17일 앞둔 날이었다. 이춘상은 박 후보를 오래 모신 보좌관이었다. 보좌관은 후보의 유세 일정에 동행하지 않는 데 그의 갑작스러운 방문이 의아했다.

"웬일이냐? 이렇게 일찍?"
"형님, 저 오늘 대표님께서 검찰개혁안 공약 발표하시는데 프롬프터 때문에 왔습니다."
"그래? 아침이나 먹고 가라."

식당에 가서 아침 식사를 하고 후보 공약 발표 후 각자 차를 타고 떠났다. 이춘상은 서울로 올라가는 길에 유세현장을 한번 보고 가겠다고 카니발 승합 차량에 올라탔다. 경호 차량, 선도 차량, 후보 차량 등이 죽 이어서 달렸다. 춘천 들어오는 즈음에서 뒤쪽에서 심상치 않은 소리가 들렸다. 차선을 변경하던 중 앞차가 급브레이크를 밟으면서 이춘상이 탄 승합차가 도로 우측 경계석과 배수로를 넘어 과속카메라 기둥 전주를 들이받았다. 120km로 달리던 차는 야산 옆에 45도 가량 기울어진 채 넘어졌다. 안전벨트를 매지 않은 뒷좌석의 두 사람이 튀어나갔다.

그게 그와의 마지막이 됐다.

소식을 전해 듣고 유세를 중단했다. 홍천에 있는 기독병원으로 박근혜 후보와 둘이서 달려갔다. 옛날 양호실에서 보던 칸막이가 있고 이춘상이 침대 위에 반듯이 누워 있었다. 머리에 핏자국이 있었지만 꼭 잠자는 것 같았다. 나는 그때 죽은 사람을 처음 보았다. 삶이란 것이 이춘상의 몸에서 이미 빠져나가고 없었다.

서울 성모병원 장례식장에서 이춘상을 보내며 박근혜 후보는 오래 울었다. 그날은 유세장의 노래도 율동도 멈췄다. 이춘상은 박근혜 후보가 1998년 재보궐 선거에서 대구 달성군 선거구에서 당선돼 정치에 입문한 때부터 15년간 최측근에서 보좌했다. 독실한 기독교 신자였고 따뜻하고 부드러운 사람이었다. 취미는 성악이었다. 슬하에 네 명의 아들이 있었다. 간간이 나는 이춘상의 아내에게 안부를 묻고 돈을 보냈다.

바람 속에 답이 있다

…얼마나 오랜 세월을 살아야
다른 이들의 울음소리를 들을 수 있을까.
친구여, 그 답은 바람 속에 있습니다.
그건 바람만이 알 수 있습니다.

-밥 딜런의 노래 '바람 속에 답이 있다' 중에서

윤상현 정치 아포리즘

일요일의 남자

'사랑하는 나의 대표님. 저는 그동안 열심히 뛰었습니다. 오늘 반드시 대통령이 되십시오. 제가 이런 날이 올 줄 알고, 2월 25일 취임 전까지 당선인 시절에 무엇을 해야 하는지 연구해서 책자로 만들었습니다. 대통령이 되시면 정말 역사와 국민이 반할 만한 지도자가 되십시오. 저는 이제 국회로 가겠습니다.'

2012년 12월 19일 저녁 6시에 박근혜 후보에게 편지를 썼다. 삼성동 자택으로 가서 집사에게 편지와 책자를 전달했다. 당선인이 된 그분과 첫 감격을 나누고, 다음날 이춘상의 납골당을 찾아가 함께 애도했다.

박근혜 정부가 시작되면서 청와대와 국회는 등대와 철로처럼 한길로 이어졌다. 원내대표인 최경환 의원의 요청으로 나는 원내수석 부대표를 맡았다. 실질적인 총대를 메고 당정청의 컨트롤타워 역할을 해야 했다. 새벽에 나와 새벽에 돌아가는 날들이 이어졌다. 내 기억에 최고로 에너지 넘치고 일을 잘하던 때였다.

현안에 따라 청와대와 정부, 국회의 의견을 빠르게 소통하고 교통 정리해서 메시지를 하나로 모았다. 일요일 오후 2시면 무조건 기자간담회를 열어 언론에 설명하고, 국정 운영에 드라이브를 걸었다. 기자들은 나를 '일요일의 남자'라고 불렀다.

　다행히 파트너 운도 좋았다. 민주당의 원내 수석 부대표인 정성호 의원은 국회에서 함께 일한 사람 중 가장 죽이 잘 맞는 친구였다. 상대 진영의 카운터 파트였지만, '일하는 국회를 만들어보자'는 생각에, 괜한 신경전으로 시간 낭비를 하는 법이 없었다.

　2008년에 내가 대표 발의한 대체 공휴일제 법안도 MB 정부 말년에 '경제활성화 가치'를 인정받은 후, 2014년 원내 수석 시절에 실질적인 법안을 통과시켰다. 살벌한 협상 테이블에 앉아서도 합리적인 진전을 이뤄낼 수 있었던 것은, 우리가 상대 진영을 존중했기 때문이다.

의견이 다른 사람들

이석기를 생각하면 씁쓸하다. 여당의 원내수석 부대표로 통진당 이석기 의원의 체포동의안을 통과시켰다. 나와 안철수와 이석기는 1962년생으로 같은 시간을 살아냈다. 악수할 때 잡아본 안철수의 손은 희고 따뜻하고 섬세했다. 국회본회의장에 앉아 있는 이석기는 바위 같은 사람이었다. 당당했다. 그에게 다가가 악수를 청했다. 손아귀의 힘이 엄청났다. 혁명으로 이 사회의 전복을 꿈꿨던 사람과 어떻게든 이 사회의 가치를 지켜내려는 사람. 그와 내가 다른 이념을, 다른 사회를 꿈꾸며 동시대를 살아간다는 것이 가슴 아팠다.

정파를 떠나 이념을 떠나, 시대를 돌파하려다 좌초한 사람들을 보면, 힘과 질서의 본질에서 멀어진 개개인의 불운과 낙담, 나약함에 마음이 쓰였다.

한명숙도, 노회찬도, 노무현도, 정두언도….

MB와는 현직 때나 전직 때나 적당한 거리와 의리를 지키며 공존했다. 그가 대통령 후보 시절엔 전시작전권 전환에 대해 특강과 조언을 했던 인연으로 '장관 자리를 줄 테니 함께 일하자'는 제안을 측근(이재오, 이상득)에게 받았다. 계파를 떠나 통일 외교 안보 전문성을 인정해주는 건 감사했으나 포지션상 아니 될 말이었다. 미국 순방길에 동행하자는 요청도, 먼저 맺은 인연을 내세워 적당히 몸을 낮춰

넘어갔다.

"저 못합니다. 제가 할 일이 따로 있습니다. 저 즘 봐주세요. 저, 배신자 되는 것 싫습니다(웃음)."

…웃으며 사양하면 MB 사람들도 다들 웃고 넘어갔다. 후에 인천시장에 나가면 돕겠다는 MB의 호의도 사양했다. 간간이 리츠칼튼 호텔에서 만나 점심을 함께하고 여의도에 오면 냉면에 폭탄주를 따라드리는 것으로 전직 대통령에 대한 예우를 다했다.

그러나 웬만하면 적을 만들지 않던 나도, 마냥 평화로울 수는 없었다. 정치 현장은 총성없는 전쟁터였고 사실은 적보다 동지로부터 나를 보호해야 할 때가 더 많았다.

4.

나라는 보수주의자

러시아 특사

　대통령 정무특보로 일하던 중 박근혜 대통령의 명령으로 2015년 5월 러시아 전승기념 70주년 기념식에 특사로 파견됐다. 1등칸을 타라는 걸, 굳이 우겨 2등칸을 탔다. 혈세를 낭비하고 싶지 않았다. 가까이서 인사한 푸틴은 청회색 눈동자에 길고 다부진 입매를 가진 호전적인 인상의 남자였다. 삼보(Sambo, 러시아 격투기) 이야기를 했더니 좋아했다.
　2014년 여름 영빈관에서 인사를 나눴던 시진핑, 펑리위안 여사와도 행사 현장에서 재회했다. 펑리위안 여사는 가히 압도적인 위엄으로 좌중을 사로잡았다. 중국의 왕이 외교부장, 북한에서는 당시 최고인민회의 의장 김영남이 참석해서 한중외교와 남북관계에 대한 짧은 소회를 나눴다.

　표면적으로는 축제였지만, 러시아는 과거의 영광에 크게 의미를 두지 않는 듯했다. **붉은 광장 퍼레이드에서 본 고르바초프는 믿을 수 없을 만큼 폭삭 늙어 있었다.** 전직 국가 원수였음에도 불구하고 본부석에서 한참 떨어진 일반석에 혼자 덩그러니 있는 모습이 처량했다. 한때는 최고 권력자였으나, 착하고 힘없는 노인이 된 그와 함께 사진을 찍었다. 마지막 날에 상트페테르부르크에서 푸시킨이 잘 갔다는 2층 카페를 둘러 보고 푸틴과 절친인 러시아 유력인사와 보드카 러브샷을 했다. 일곱 잔 나눠 마시니 취기가 확 올랐다.

러시아에서 만난 왕이 외교부장이 9월 중국 전승기념일에 박근혜 대통령이 참석해주기를 청하기에, 돌아와서 보고서를 올렸다. 한미동맹이 외교의 주축이지만 중국하고도 척을 지지 않는 상태로, 국가 이익을 위해 균형을 잡아야 한다는 것이 나의 외교 안보론이었다.

9월 9일, 천안문 왕루에서 노란 옷을 입고 찍은 박대통령의 사진이 글로벌 뉴스에서 화제가 됐다. 그즈음 중국은 미국과 냉전 이후 노골적으로 제 2의 패권다툼에 돌입했다.

2014년 8월에 출간된 김진명의 소설《사드THADD》는 이 고고도 미사일을 둘러싼 긴박한 국내외 정세를 그리고 있다. 남한에 사드를 배치하면 중국의 모든 더륙간탄도탄은 무용지물이 된다. 사드는 중국의 공격적 미사일 시스템을 완전히 봉쇄할 수 있는 무기다. 보이지 않는 거대한 충돌의 그림자가 미국과 중국 사이에 드리워지고, 이 긴장의 가장 큰 피해자는 한반도가 될 수밖에 없었다. 작가 김진명은 소설에서 임기 말 레임덕을 걱정한 박 대통령이 세대고체 카드로 '윤상현'을 차기 대권주자로 지목했다고 썼다. 물론 가상의 이야기다.

소설의 위기 상황은 현실에서도 그대로 감지되었다. 사드와 관련된 중국의 예민함은 여러 채널로 전달되었다. 왕이 외교부장, 추궈홍 주한중국대사가 '사드를 배치하지 말아달라'고 여러 번 사인을 보냈다. 나는 사드는 북핵을 압박하도록 중국에 영향력을 행사하는 전략적 카드로 써야 한다고 주장했다. 우리에게 필요한 건 외교적 시간이었다. 미국, 중국과 교섭하며 사드를 레버리지로 쓰기 위한 명분을 만드는 전략적 시간. 하지만 정부는 디테일한 외교 테이블을 건너뛰고 2016년 7월 전격 사드를 배치했다. 한중 관계는 급격히 얼어붙었고, 중국의 보복으로 민간 경제는 큰 타격을 입게 되었다.

밤

내가 가장 슬펐을 때가
검고 탁하다고 해서
밤이 밤이 아닐 것을 바랄 수는 없었다

-박시하, ≪우리의 대화는 이런 것입니다≫

이기는 선거,
원칙과 바람의 조화

박근혜 대통령은 '선거의 여왕'으로 유명했다. 타고난 스타성과 위엄, 가문의 후광, 근현대사의 스토리텔링이 합쳐져서 나온 결과였다. 정치인은 선거에 모든 것을 건다. 어떻게든 의석수를 가져와야 힘을 얻고 정책에 드라이브를 걸 수 있기 때문이다. 선거는 민주주의의 꽃이지만 조직 내부에서 그 과정은 전쟁이다.

공천은 수많은 지역 변수, 신구 세대의 정치 역학, 인간의 가열찬 욕망, 내 사람을 공천에 꽂으려는 원로들의 압력 등이 뒤얽혀서 돌아간다. 지역구의 정치 성향, 후보와 민심의 밀착도, 상대 후보의 이름값에 따라 공천의 판을 얼마나 정교하게 짜느냐가 매우 중요하다. 윗사람의 사심이나 오판으로 경쟁력 없는 사람을 내리꽂으면, 전체판이 무너질 수 있어 공천 심사자의 소신이 중요하다.

공천이 승리의 퍼즐을 만드는 전략적 수학이라면, 선거 운동은 인간의 입김으로 '바람'을 바꾸는 기후공학이자 인문학이다. 다행히 나는 선거에 재능이 있었다.

박근혜 정부에서 치뤄진 2014년 6.4 지방 선거와 7.30 재보궐 선거에서 사무총장 겸 공천심사위원장으로, 최전선에서 선거 운동을 지휘했고 승리를 이끌어냈다.

공정한 룰에 기반한 '이기는 공천'을 끝까지 밀어붙였을 때, 재보궐 선거에서 새누리당은 15개 지역 중 11개를 가져왔다. 무리한 '전략 공천'을 배제하고 어떤 외압에도 합리적 룰을 깨트리지 않은 소신의 결과였다. 그렇게 소신을 유지하고 최선의 결과를 낸 후, 미련 없이 직을 내려놓았다. 하명을 따르는 무조건적인 순종보다, 결과로서의 충성을 보여주고 싶어 하는 것, 그것이 유일한 나의 까칠함… 거스를 수 없는 기질이었다.

한편 세월호 이후 치뤄진 6.4 지방선거는 패배의 분위기를 전환할 일종의 진정성이 필요했다. 막판 최적의 시간대에 '안전한 대한민국을 만들겠습니다' '죄송합니다' '반성합니다' 피켓을 들고 후보자와 당직자 전원이 거리에서 1인 시위를 하도록 제안했다. 광화문 거리, 강남역, 여의도 광장에서 조용한 반성의 모습이 전파를 타고 전달됐다… 여론이 반응했고 그 후 인천·경기 광역단체장을 가져올 수 있었다.

흔들리지 않는 원칙의 싸움인 동시에 단번에 흔드는 바람의 기운, 그게 선거다.
선거의 본질이다.

서울에서 온 손님

공당의 선거 전략가로서는 매번 기세를 잡았지만, 정작 내가 내 이름으로 출마하는 선거에서는 공천에서 매번 어려움을 겪었다. 정치 데뷔 시절엔 공천 후보 1위라는 심사결과를 받아들고서도 눈물로 물러나야 했다. 2016년 4월 선거 직전, 채널A 녹취 사건이 터졌다. 사정은 이렇다. 중앙당에 공천 심사를 받으러 갔다 지역구에 돌아왔는데, 모르는 서울 손님들이 여럿 와 있었다. 마침 '박근혜 대통령이 김무성 당대표에게 누구를 죽여야 할지 공천 살생부를 보냈다'는 거짓 소문이 파다하게 퍼져 분위기가 심상치 않은 터였다. 지역구에서 여러 자리를 돌며 술을 마신 와중에, 그 일로 전화 통화를 하며 있을 수 없는 일이라고 해명하다, 감정이 격양됐다. 허심탄회한 지인과 통화하던 터라 긴장이 풀어져, 무심코 김무성 대표 욕을 하고 말았다.

내 목소리가 공기 중에 풀어졌다.

부탁이 있어 찾아온 서울 손님이 내 전화 통화를 몰래 녹음해 김무성 대표 측에 넘겼다. '욕설 파문'은 채널A의 전파를 탔다. 사적 대화인데다 제 3자가 녹음한 것이라 문제 삼을 수 없다고 몇몇 신문이 보도했지만, 그 일로 공천 대상에서 제외되고 말았다. 머릿속에 거친 말이 메아리쳐도 입 밖에 내서는 안 되었는데… 가장 악의적인 적은 정치적인 경쟁자가 아닐 수 있고, 정치 활동을 하려면 오히려 동료에게서 나를 보호하는 법을 배워야 한다는 것을 나는 그때 깨달았다.

평소 박근혜 대통령과 김무성 대표는 리더십 스타일이 달라, 서로 당겨진 밧줄처럼 만나지 못하고 평행선을 달려왔다. 박근혜, 김무성, 유승민의 조합은 보기에도 아슬아슬했다. 그들은 서로를 평가절하했고 마음속으로 경멸했다. "티타임 하시라"고 양쪽에 청했으나, 매듭을 풀기에 나의 수행은 부족하고 불미했다.

나는 김무성 대표에게 여러 번 사과했다. 나중에 김무성 대표 측은 전략적 화해를 내세워 2개의 공천을 가져갔다. 등이 터진 새우처럼, 나는 2016년 4월 선거에서 아무런 지원과 보호를 받지 못하고 무소속으로 선거판에 나왔다. 생각하면 뭉클해진다. 질 게 뻔해 보이는 싸움을 하는 후보자를 돕는 주민들은 어떤 마음이었을까? 승산이 없다기보다 승산을 헤아리지 않는 싸움을 하는 마음.

뚜껑을 열어 보니 24,500표 차이.

무소속 출마자인 내 표가 집권여당에서 공천받은 사람의 표보다 24,500표 더 많았다. 수도권에서 흔치 않은 압승이었다. 백의종군 후 3선 의원 배지를 달고 복당했다. 여의도에서는 살아 돌아온 나를 보고 다들 '귀신 보듯' 놀라워했다.

탄핵 정국과 빈집

2016년 10월, 탄핵 정국이 이어졌다. 최순실 국정농단과 태블릿 PC 뉴스가 에스컬레이터가 돼서 박근혜 대통령이 대국민사과를 했다. 연일 촛불 집회가 광화문에서 열렸다. 촛불은 모든 걸 집어삼켰고, 여당 정치인들은 중심을 잃고 우왕좌왕했다. 친박계 의원들은 이틀이 멀다 하고 모여 대책 회의를 했지만 뾰족한 수가 나오지 않았다. 2017년 3월 10일, '대통령 박근혜를 탄핵한다'는 이정미 헌법재판소장 권한 대행의 선언이 전국에 생중계되었다.

머릿속이 하얘졌다. 우리가 세운 리더, 질서, 말들, 정책은 다 어떻게 될 것인가. 정치인으로 함께 거뒀던 자랑스러운 승리의 순간들은 무엇이었을까…

혼란스러운 날들이었지만, 당장 수습해야 할 일이 한두 가지가 아니었다. 탄핵된 지 사흘 후, 사위가 컴컴한 저녁에 박 대통령은 청와대를 나와 삼성동 사저로 왔다. 친박계 의원들과 함께 대문 앞에 서서 맞았다. 그 다음 날 가서 보니 삼성동 사저는 고장 난 보일러를 고치지 못해 얼음장 같았다. 오랫동안 빈집으로 있어서 사람의 온기 자체가 없었다. 사전에 윤전추 행정관에게 전화해 대통령이 주무실 때 한 번씩 올라가서 살펴보라고 당부했다. 낙심한 마음에 혹여 무슨 일이 생길까 걱정스러웠다.

불현듯 2007년 12월, MB와의 경선에서 패한 후 삼성동 자택을 찾아가 박근혜 후보에게 처음으로 편지와 꽃다발을 전했던 때가 생각났다.

'사랑하는 대표님, 잘 싸웠고 수고하셨습니다. 이제 우리 다 잊고 MB를 열심히 도와줍시다. 다음엔 꼭 대통령이 되실 겁니다.'
호기심 많은 어린아이처럼 다음 날 전화로 그가 웃으며 말했다.
'윤 의원님, 정말입니까? 다음에 저 꼭 대통령, 된대요?'

"간밤에 많이 추웠는데 어떻게 주무셨습니까? 잠자리는…"
"괜찮습니다. 히터 틀어놓고 잤어요."

걱정과는 달리 겉으로는 그저 담담한 표정이었다. 젊은 날, 퍼스트레이디 역할을 하다 10.26 이후 청와대를 나와 신당동 사저에 돌아왔을 때처럼. 아침부터 친박계 의원들과 삼성동 거실에 모여 이후 거취와 변호사 문제에 관한 여러 이야기를 나누었다. 식어버린 차를 앞에 두고, 우리는 자주 말의 갈피를 잃었다. 연희동에서의 일이 데자뷔처럼 겹쳐졌지만, 젊은 시절보다 더 아프고 헛헛했다. 탄핵 이후의 시간은 칼날 같아서 검찰출두, 영장실질심사가 순식간에 이어졌다. 검찰 조사가 있는 날은 사저 앞에서 밤을 꼬박 새운 후, 최경환 의원과 해장국집으로 아침을 먹으러 갔다.

청와대를 나온 대통령 곁에는 유영하 변호사가 방벽처럼 우뚝 서 있었다. 웬일인지 가까이 다가갈수록, 그분은 더욱 멀어지고 고립되는 느낌이었다. "마음 굳게 먹으셔야 합니다…"라고 하면 말없이 고개만 끄덕였다. 마지막으로 뵌 것은 서울 구치소 정문 앞이었다. 공허한 눈으로 걸어가는 모습에 눈물이 핑 돌았다. 후에 허리가 아파 구치소에 책걸상이 필요하다는 전갈을 들었는데… 황교안 대통령 직무대행 시절, 받아들여지지 않은 모양이었다. 최경환 의원과 내가 문 정권의 전병헌 정무수석에게 부탁해서 한참 후에 책걸상을 놓아드렸다.

> **권력이란 게 너무 무섭습니다.**
> 너무 뜨겁습니다.
> 꽉 쥐면 자기가 타죽습니다.
> **나눠줘야 합니다.**

권력이란 무엇인가

1950년대 정치를 폴리티컬 사이언스라고 해서 공학이나 과학으로 설명했지만, 정치는 과학이 아니다. 엄연히 인간사다. 인간사는 얽혀 있다. 얽혀있는 인간사人間事를 해결하지 않으면, 좋은 정치가 생성되지 않는다.

권력은 위계적인 동시에 관계적이다. 따르는 자들이 없으면 강해질 수 없다. 《권력의 심리학》을 쓴 영국의 정치학자 브라이언 클라스에 따르면 선사시대의 쿵족은 사냥에서 공을 세운 힘센 자가 기고만장해지지 않도록 그를 모욕하는 풍습이 있었다고 한다. 권력을 장악하려는 '급부상자'나 야망에 찬 '알파메일'이 등장할 때마다 공동체는 그를 조롱하고 죽이기까지 했다. 다수의 초기 인류는 누구도 우두머리가 되지 않도록 경계했다. 인간은 사실 지배를 향한 본능보다, 다른 이들에게 지배받지 않고 싶다는 욕구가 더 강하다.

동면의 시기

정치를 시작하고 또 한 번의 기나긴 겨울이 왔다. 서울구치소를 몇 번 찾아갔지만 면회하지 못했다.

'고맙지만, 몰골을 보여주고 싶지 않습니다'라고 구치소 총무과장이 대신 전해주었다. 최경환, 이재만, 정호성, 안봉근 등은 감옥으로 갔고 서청원은 정치를 그만두었다.

Hibernation. 동면의 나날이었다.

권력, 위업 혹은 허업

"신앙인으로서 부활을 믿으면서 동시에 내가 내일이라도 모래성처럼 무너질 수 있다는 자각을 한다는 게 부적절한 감정은 아니죠. 자신이 헛됨 위에 서 있다는 것을 알면 인생을 정면으로 마주할 기회가 생겨요."

-최대환 신부

'헛되고 헛되고 다 헛되도다' 성경의 전도서에서 솔로몬은 고백했다. '정치는 허업'이다. 오랫동안 정계의 2인자로 살아온 김종필 선생도 말했다.

젊은 시절, 나는 권력의 끝을 목격했고 그래서 권력의 정점에 앉은 리더에게 담백하게 조언할 수 있었다.

"만나야 합니다."
"품어야 합니다."
"대화해야 합니다."

나를 불편하게 하는 자, 가장 멀리 있는 자와 손잡아야 한다고, 나눠줘야 산다고. 그래야 성공한 대통령으로 이름을 남기고, 튼실한 민간인으로 부활할 수 있다고. 대통령님이 그러면 좋겠다고. 암살, 자살, 쿠데타, 탄핵… 비운의 역사를 넘어 성공한 이야기를 쓰시라고.

The Player | 더 플레이어

땀과 파격의 박빙

2020년 4월 선거에서 나는 또 한 번 무소속 출마했다. '친이계' 안상수가 미래통합당 지역구 공천을 받고 들어왔다. 쉽지 않은 싸움이었지만, 손 놓고 포기하기엔 나를 바라보는 지역민들의 애정 어린 마음을 저버릴 수 없었다.

결과는 171표 차이.

박빙이었다. 지역구 사람들, 기도해주는 교회 분들과 함께 얼싸안고 헌정 사상 최초로 연속 무소속 '수도권 4선 의원'이 되는 감격을 나눴다. 사람의 마음을 얻는 것이 가장 쉽고 가장 어렵다. 무엇보다 용현 시장 토박이 상인들과 오가며 식구들 안부를 묻고(아들이 대학은 붙었는지, 등록금은 어떻게 마련하는지), 집안일을 나누는 믿을 만한 '맏형'으로 인정받았다는 게 기뻤다.

선거는 피도 아니고 돈도 아니다. 땀과 파격이다. 흘린 땀만큼, 안겨드린 놀라움만큼, 감동한다. 감동하면 편이 되고 한번 팬이 되면 쉽게 져버리지 않는다. 이 모든 게 낙선 인사에서 시작된 열매였다.

함바왕 유상봉

 정치인으로 살다 보면 처음부터 불의한 마음으로 '이용하려고' 찾아오는 사람들이 있게 마련이다. 유상봉이 그런 사람이었다. 2020년 4.15 총선의 박빙 이후, 나는 한껏 들떠 있었다.

 '4선 의원이 되었으니 이제 드디어 큰물로 나가겠구나! 살아계신 하나님, 감사합니다.'

 …라고 기도했는데, 갑자기 내 보좌관에게 압수수색 영장이 날아들었다. 보좌관이 유상봉이라는 한 사업가와 전라도 동향으로 아삼육이 맞아 그가 분당 정자동 어느 호텔 건설 현장의 함바집(건설 현장에 마련된 식당)을 하도록 도와줬다는 것이다. 검찰은 그걸 '오야봉'인 내가 모를 수 없을 테니 선거법 위반이라고 몰고 갔다. 유상봉은 나도 만나본 적이 있지만, '억울함을 호소하는' 태도가 뭔가 요란하고 미덥지 않아 일찌감치 선을 그었다. 보좌관에게도 '가까이 하지 말라'고 일러두었다.

 하지만 내 보좌관 주변에는 외지에서 만나 가족끼리 어울리며 서로 돕고 어울리는 걸 자랑으로 여기는 변죽 좋은 동향 사람들이 많았다. 유상봉도 그 무리 중 하나가 되어 자신이 '돈을 뜯긴 억울한 사연을 적은' 진정서를 보좌관에게 보여주고, 함바집 운영권도 도움을 받은 모양이다.

공교롭게도 유상봉이 억울하게 돈을 뜯겼다고 주장하는 사람이, 우리 지역에 공천 받아 나와 경쟁했던 안상수였다. 유상봉은 내 보좌관뿐만 아니라 검찰에도 자신의 억울함을 호소하며 진정서를 무진장 넣는 중이었다. 내 보좌관에게 건넸던 '20억을 뜯겼다'는 진정서는 서랍에서 잠자고 있을 뿐, 보좌관이 이번 선거 과정에서 쓴 적도 없었다. 그럼에도 불구하고 상대는 그 허위진정서 배후의 그림자가 우리 측이라고 핏대를 올렸다.

모든 불화살이 '윤상현'이라는 하나의 과녁으로 날아오는 듯했다. 선거가 그랬다. 한몫이라도 돕겠다고 새벽부터 기도하고 떡을 놓고 사라지는 사람이 있는가 하면, 뭐라도 뜯어 먹겠다고 요란하게 비비고 들어오는 사람, 무고한 사람을 엮어서 한방에 판을 뒤집어보려는 사람… 누명을 씌우는 사람에 대한 실망, 끓어오르는 배신감, 억울함에 잠을 이루기 어려웠다. 불면의 날들이 이어질수록, 새벽에 나가 기도의 무릎을 꿇었다. 어느 날, 까맣게 잊고 있던 말이 기억의 표면 위로 떠올랐다.

"이번 총선에서 당선되면 송사가 있을 겁니다."

인도에서 사역하다 한국에 잠시 들어왔던 장순애 선교사가 선거 전에 내게 했던 말이었다.

'아, 만사가 내가 잘나서 되는 일은 하나도 없구나! 이렇게 사나,

저렇게 사나. 내 뜻대로 되는 것은 애초에 하나도 없었구나. 절대자의 섭리 속에 영광도 좌절도 은혜로 깨닫는 것이로구나. 그것이 피조물로서 인간의 삶이로구나.'

그렇게 하루하루 몸에 품었던 독이 빠지면서 어느 새벽, 말도 안 되는 기도가 입에서 새어나왔다.

'주여, 그들을 불쌍히 여기소서.'

그토록 미워했던 유상봉, 안상수를 위한 기도를… 내가, 내 입으로 하고 있다는 사실을… 스스로도 믿기 어려웠다. 4선 의원이 되고도 발이 묶여 큰물에 나아가지 못한다고 통탄했던 내가, 나라는 인간의 윤곽이, 정신의 형질이 또 한 번 부서지고 재조립되고 있었다. 어쩐지 기분이 좋았다.

**'이렇게 맑아지는구나.
이렇게 넓어지는구나.'**

사람의 마음을 얻을 수 있다는 오만도, 권력의 허장성세를 미리 보았다는 허무감도, 없던 세상 죄를 뒤집어썼다는 억울함도, 다 빠져나간 빈손에 '겸손과 용서'라는 무서운 무기가 쥐어졌다. 2022년 12월 15일, 대법원은 '함바왕 유상봉'과 관련된 선거법 위반에 대한 나의 무죄를 확정 선고했다.

나라는 보수주의자

나는 태생적으로 권위나 서열을 크게 내세우는 사람이 아니다. 나는 2인자가 몸에 맞았다. 현대사의 굴곡 속에서 '실패를 맛본' 두 지도자 곁에서 사적으로 공적으로 섬기는 훈련을 받았고, 그 옆에서 눈치 보지 않고 돕는 2인자로 살아남았다.

살아보니 앞에 나가 최초의 깃발을 흔들거나, 뒤로 빠져 엄청난 방황을 겪는 것만큼이나 원칙을 지키며 '착하게, 착실하게' 사는 일은 쉽지 않았다.

1인자의 권좌를 추구하지 않았던 모두의 삶들이 다 그러하리라. 얼마간 자랑스럽고 얼마간 고통스럽고. 어쩌면 그게 나를 생존시킨 힘이고 나를 좌절시킨 모순이었다. 생각해보면 평범한 내 안에 자리한 어떤 뜨거움이, 리더보다 리더의 인생을 더 사랑하도록 이끌었다. 한 사람의 영광을 위해 그 사람보다 더 헌신하는 것, 순열과 불충이 한 몸에 있는 이상주의자의 몸이라니… 나는 축구선수를, 외교관을, 교수를 꿈꾸다 정치인이 되었지만 어쩌면 내 몸에 가장 잘 맞는 옷은 군인이나 성직자였는지도 모르겠다.

돌이켜보면 내가 보수주의자가 된 것은 근본적으로 가족의 영향 때문이었다. 주변에 점잖고 선한 어른들이 참 많았다. 청남면장, 우체국장을 하셨던 할아버지는 그 시절 이해찬 의원의 아버지가 할아버지의 큰 도움을 받았다고 사석에서 내게 전해올 만큼 어질고 큰 어른이었다. 주위에 할아버지의 도움 한번 안 받아본 마을 사람이 거의 없어, 면에는 할아버지의 공적비가 세워져 있다.

아버지와 어머니는 나서는 것을 절제하는 소박하고 부지런한 분들이었다. 그분들은 내게 '학생운동을 하지 말라'고 신신당부했다. 천성이 온순한 나는 부모를 거스를 마음이 없었고, 공산주의 서적을 품에 안고 위험인물로 사는 것도 원하는 바는 아니었다.

이념을 말하는 친구들의 이상은 높았지만, 실생활에서 그들의 도량과 아량은 내 기대에 못 미쳤다. 모든 것은 '관계'에서 출발해서 '태도'로 수렴된다. 어쩌면 정의는 더 세련된 힘에 대한 욕구… 젊은 이들의 의기와 혈기가 한데 뭉쳐 만들어내는 연기로 캠퍼스는 사계절 내내 뿌옇게 몸살을 앓았다.

나는 나의 존재와 내가 지닌 힘을 외적으로 과시하는 데 큰 관심이 없었다. 빠른 출세를 위해 '돈'이나 그럴싸한 '혼처'를 원할 만큼 세속적인 욕심이 큰 사람도 아니었다. 새벽에 일어나 연탄불을 갈고, 축구하고, 책 보고… 두질서한 세상이 두려울 땐 영어, 불어, 중국어… 더 크고 가명한 나라의 단어를 머릿속에 착착 배열하며, 더 나은 질서를 꿈꿨다.

돌아보면 나의 신념의 출발은 '은혜를 갚는 것'이었다.

부모님의 은혜. 내가 태어나고 자란 밭과 뿌리에 대한 은혜. 그러다 뒤늦게 그 생명과 사랑의 중심인 절대자의 은혜를 알게 되었다. 부모의 은혜를 갚아야 한다는 책임이, 피조물로서 창조주의 은혜를 깨닫는 기쁨으로 변해갔다. 나를 더 알찬 도구로 쓰기 위한 신의 은혜는, 높은 자리에서 낮아지거나 낮은 자리에서 높아지는 어이없이 예비된 '반전'을 통해서 드러났다. 롤러코스터 같은 인생길에 심어진 메시지는 간결했다.

'그가 있다.
때가 있다.
몫이 있다.'

격렬한 삶의 코너링을 돌 때마다 되뇌는 사고의 루틴이 생겼다.

'신이 이 일을 허락하신 데는 이유가 있겠지.
저 사람이 저런 행동을 하는 데는 사정이 있겠지.'

이 우주에 창조주, 나보다 큰 절대자가 있다는 걸 받아들이면 끝날 때까지 끝난 게 아니그, 실패하려야 실패할 수 없는 게 인생이다. 대통령이 되기 전 윤석열 후보를 만났을 때가, 그런 깨달음이 절정에 이른 때였다.

윤석열 대통령과 나눈 말들

축구에 패스와 빌드업이 중요하듯, 술을 따를 때도 흐름이 필요하다. 여럿이 있을 땐 잔이 비지 않게 눈치껏 채워주는 것이 중요하지만, 정작 술로 사내 기질을 겨룰 땐 쪼잔하게 남의 잔에 더 붓지 않고 내 잔을 채우는 사람을 좋아한다. 술을 따라 보면 딱 안다. 저 사람이 맑은 사람인지 탁한 사람인지. 나와 비슷한 기질인지 아닌지.

윤석열 대통령과 처음 만난 건 2021년 8월 5일이었다. 보자마자 상대를 알아보고 맘에 들었다. 그날 우리는 과음했다. 둘이서 폭탄주 열두 잔과 와인 한 병을 마셨다. 왠지 중요한 순간이 될 것 같아, 취하기 전에 말씀드렸다. 잔의 부딪힘과 부딪힘 사이에서 말이 밀물처럼 흘러나왔다.

"제가 많이 봤습니다. 형님, 권력이란 게 너무 무섭습니다. 너무 뜨겁습니다. 꽉 쥐면 자기가 타죽습니다. 나눠줘야 합니다. 권력 분산형 개헌을 통해 나눠주고, 야당 인사에게도 나눠줘야 합니다. 내가 잘나서 잡은 게 권력이고 그 순간이 영원하리라 생각하면 실패한 대통령이 됩니다. 권력을 두려워하셔야 합니다. 그 앞에서 겸손을 잃으면 끝입니다. 형님, 절대자 앞에 매일 무릎을 꿇는 게 중요합니다. 권력을 위임받았다는 생각은 믿음에서 나옵니다. 그래야 나도 절대자에게 '치임'을 받을 수 있다는 걸 압니다. 불교 신자라면 매일 부처 앞에서 108배를 해야 안 망가집니다. 하심의 훈련이 없으면 힘듭니다."

여름의 끝에서 한 번 더 우리 집에 안철수 후보와 윤석열 후보를 초대해 술잔을 기울였다. 안 후보가 오기 30분 전, 윤에게 한 번 더 간청했다.

"형님, 지금은 양 날개에 품으세요. 한쪽은 안철수, 한쪽은 이준석을 품으세요. *권력은 겸손이고 포용입니다. 나하고 생각이 달라도 움직일 공간을 만들어주고 화합하고 나눠야 합니다.* 정치, 경제, 문화를 아는 것도 중요하지만 대통령은 국민과 권력을 어떻게 바라보는가에 대한 '관'을 정립하는 게 우선입니다. 어쩌면 그 준비가 전부입니다. 형님, 제 말을 잊지 말고 기억해주세요. 겸손해야 권력자 옆에 사람이 모이고 충언이 모입니다."

안과 윤은 힘을 모았고, 마침내 2022년 5월 윤석열 정부가 시작되었다.

5.

밑바닥 민심

사면, 어떤 쓸쓸함

탄핵 이후 '친박'의 이름표를 달고 살아가는 정치 생활은 녹록치 않았다. 친박과 비박은 서로를 겨누는 '배신자' 프레임과 책임론으로 끝내 화합하지 못했다. 중도에 막을 내린 정부의 책임을 누구에게 물을 것인가. '최순실'이라는 좌초의 불씨와 이미 불어온 분노의 바람은 모든 것을 태워버렸다.

2021년 12월 31일. 4년 9개월 만에 박근혜 전 대통령은 사면되었다. 삼성병원 복도 폴리스라인 뒤에서 목 빼고 기다리던 친박 의원들을 뒤로 하고, 당신은 마이크 앞으로 가서 소감을 전했다. 나는 그동안 박 대통령이 충신과 배신을 나누지 않고 '나로 인해 처벌받은 아랫사람을 모두 풀어달라'고 발표하기를 간절히 바랐다. 사저가 아닌 소록도로 가서 국민들 곁에서 기도와 봉사로 함께하는 파격을 보여주고 후일을 도모하기를. 용서하고 용서받고 상처가 아문 뒤 다시 보수의 대통합을 이뤄내기를.

출소한 박 전 대통령을 만나 제대로 인사한 것은 5월 10일 윤석열 대통령 취임식장에서였다. 돌아온 옛 보스를 향해 달려가 반가운 마음에 깊숙이 허리 숙여 인사했다. 해쓱해진 얼굴을 보니 마음이 뭉클했다. 친박 친윤을 가려 경계하지 않는 그 어떤 인생이라도, 기꺼이 받아들일 수 있을 것만 같았다.

다만 박 대통령은 윤석열 정부의 6월 재보궐 선거 공천심사위원장을 맡은 내가 유영하 변호사에게 공천을 주지 않은 것을 섭섭해했다. 유영하 변호사는 대구 시장 경선에 나갔다 떨어진 후 시장이 된 홍준표 의원의 빈자리를 원했지만, 김재원이 그 다음 득표로 순위가 앞선 상황이라 심사 결과를 뒤집는 것은 불가능했다. 취임식장에서 박수 치는 박 대통령을 보니, 정치적 혈육임에도 왠지 한쪽만 바라보시는 것 같아 쓸쓸해졌다.

철학자 한나 아렌트는 《인간의 조건》에서 인간은 우연과 필멸의 한계 속에서도 새로 시작할 수 있는 능력이 있다고 썼다. '탄생성'은 시작의 능력이라고. 그게 가능한 건 우리에게 용서의 능력과 약속의 능력이 있기 때문이다. 솔직히 말하면, 원수를 사랑해서가 아니라 내가 살기 위해서 우리는 용서를 선택해야 한다.

누가 총대를 멜 것인가

윤 대통령의 후보 시절 캠프에서 나는 적극적으로 앞에 서 있지 못했다. 당시만 해도 선거법 재판이 진행 중이라 운신의 폭이 좁았다. 그렇게 한 발짝 떨어져 있는 것이 또한 신의 뜻이었으리라. 대통령이 세워지면, 임기 초기에는 당선에 공을 세운 사람들이 논공행상을 따지며 '왕의 남자'라고 목이 곧아지게 마련이다.

정작 이 중요한 시기에 리더 옆에 필요한 사람은 권력 곁에서 곧은 목으로 햇볕을 쐬는 사람이 아니라, 스스로 타죽을 각오를 하고 깨끗하게 헌신하는 자다. 나서서 총대를 메고 스스로 다칠 각오가 되어 있는 사람. 그래야 대통령 앞에서 진정성과 합리성을 갖춘 해결책을 진언할 수 있고, '일하는 국회'를 모드로 민생 정책에 드라이브를 걸 수 있다. 청와대와 당이 손발을 맞춰야 국정이 표류하지 않는다. 국정이 표류하면 국민이 야유한다.

코로나19 이후 세계 경제는 더 복잡하게 재편되고 있다. 새로운 세계관, 시대정신에 맞게 기동성 있는 대처가 시급하다. 생각해보면 과거 군사 정부의 권력자들은 약한 정통성을 상쇄하기 위해 경제에 드라이브를 걸었다. 전두환 대통령은 박정희 대통령을 모델로 3저 호황 속에 인프라를 세웠고, 노태우 대통령은 주택 2백만 호, 인천 공항 등을 만들면서 그 돈을 썼다. 김영삼 대통령이 그걸 인수해서 금융실명제와 세계화를 추진하다 종금사 단기 외채로 IMF를 맞았다. 김대중 대통령은 IMF를 너무 빨리 졸업시켰고, 노무현 대통령은 거대한 도덕적 의제들을 던지느라 경제에서는 좌회전 깜빡이를 켜고 우회전으로 지나갔다.

2023년은 어떤가. 현재 미국발 인플레이션은 잠시 주춤한 듯하지만, 여전히 러시아와 우크라이나 전쟁은 지속 중이고, 달러 패권주의에 도전하는 중국의 도괄은 시간이 지날수록 예상치 못한 방향에서 경제 한파를 가중시킬 것이다.

국민은 개혁을 열망하면서도, 실제로 개혁을 하면 리더의 인기가 떨어진다. 기득권의 피로감도 커져서 개혁을 하다 그 정권이 망하는 경우도 많다. 문제점을 보수하고 개혁하려면 뱃심이 있어야 한다. 밑바닥 국민의 삶을 아는 것이 정치가의 뱃심이다. 뱃심은 닳은 신발에서 나온다. 즐어본 만큼 고단한 땅의 풍경도 보이고 던져본 만큼 바닥 모르고 떨어질 때의 그 막막함도 안다.

그렇게 의사결정권자가 국내외 경제 외교의 맥락, 관점, 우선순위를 이해해야 구성원을 설득할 수 있다. 생존 방식을 다양하게 설계해야 당당한 정치인, 당당한 국민이 된다. 너 말을 들어주는 정치인이 있고, 그래서 내일은 더 나아질 거라는 희망을 선물해야 한다.

베이비부머, X세대, MZ세대 모두 장기불황과 고립의 시대를 건너고 있지만 다른 세대, 다음 세대를 생각하는 것만으로도 우리는 겸손해질 수 있다.

글로벌 시청자가 인정하듯이 우리 국민은 전 세계 문화 콘텐츠를 움직이는 놀라운 능력을 가진 사람들이다. 1표를 행사하는 이름 없는 유권자가 아니라, 이미 각자의 브랜드를 추구하는 1인의 장인, 1인의 철학자들이다. 그런 국민을 상대하려면 정치인은 어떤 때는 시인이 되어야 하고, 어떤 때는 사고의 근육이 튼튼한 사상가가 되어야 한다.

밀레니얼과 언어가 교환되는 정치인이 절실하다. 옳던 그르던 그들에게 '선명하게 들린다'는 사실은 중요하다. 상대를 악마화하면 쾌감은 있어도, 정치는 영원히 습자지처럼 얇은 상태를 못 벗어난다. 다층적이고 포용적인 언어를 찾아야 한다. 초당파적 파이프 라인이 중요할까? 물론이다. 익숙하고 비슷한 사람보다 다른 사람이 모여야 돌파의 창조력이 생긴다.

늘 그렇듯 모든 것은 '관계'에서 출발해서 '태도'로 수렴된다. 고 이어령 선생님의 말씀대로 손잡이 달린 인간들이 모여 서로의 생각을 융합해야 한다.

> 솔직히 말하면,
> **원수를 사랑해서가 아니라
> 내가 살기 위해서** 우리는
> 용서를 선택해야 한다.

윤상현 정치 아포리즘

"삶은 단 하나의 목소리로 이야기하기에는
불가능한 방향으로 흘러갑니다.
무슨 일이 일어나는지에 대해
이야기하는 장에는 많은 사람을 초청해야 하죠.
각자의 목소리는 짧게 등장합니다.
처음부터 끝까지 주도하는 목소리는 없어요.
작은 목소리들이 모여 아름다운 합창이 되는 거죠.
아주 밀도 높은 결집이에요."

-노벨상 수상작가 스베틀라나 알렉시예비치

권력 의지,
다윗을 생각한다

동양중학교 시절, 나는 공부를 잘했다. 전교 1등을 놓치지 않았다. 새벽마다 영어 단어를 외우고 밤이면 백열등을 켜놓고 수학 문제집을 들이팠다. 딱 한번 전교 2등을 한 적이 있다. 동급생이 던진 고무 수류탄에 안경을 맞은 물리 선생님이 결근하셨을 대다. 선생님 걱정에 안절부절못하느라, 시험을 망치고 말았다.

태생적으로 나는 순진하고 마음이 약했다. 모질지 못해 남자아이들하고 주먹다짐을 하며 싸운 적도 없었다. 더 어릴 때는 여자 아이에게 다리를 물려서 식겁한 적도 있다. 잊히지 않는 일이 하나 있다. 하교 길에 키가 크고 껄렁해 보이는 형들에게 돈을 뺏긴 일이다. 뺏긴 돈은 2000원. 큰 액수는 아니었지만 싸우지 못하고 내어줬다는 사실이 너무 수치스러웠다. 한마디로 너무너무 쪽이 팔렸다.

물리적으로 강한 자가 되겠다는 욕망은 크지 않았으나, 힘이 없으면 아버지의 진급 누락에서 가슴 치는 어머니를 위로할 길도, 고무 수류탄에 안경을 맞은 선생님을 보호할 길도, 삥을 뜯긴 약한 나 자신을 방어할 길도 없다는 것을 어렴풋이 알게 되었다. 그렇게 나에게 힘이란, 보통 사람이 억울한 일을 당하지 않도록 실력을 갖추는 것으로 이해되었다.

그 와중에 이상적으로 다가왔던 어른 인간은 케네디 대통령이었다. 책상 위에 케네디 대통령 사진을 붙여놓고 공부하는 중학생 아들이 신기했다고 어머니는 여러 번 말씀하셨다. 스마트한 언변으로 좌중을 휘어잡는 그의 연설 장면은 힘이 넘쳐 보였다. 게티즈버그 연설로 유명한 링컨 대통령도 좋아했다. 그들의 힘은 말의 힘이었고 마음의 힘이었다. 정치인을 꿈꾼 적은 없지만 우주개발과 노예 해방이라는 이상을 향해 직진했던 '매력적인 리더', 국민의 마음을 움직였던 파워풀한 메시지는 사춘기 소년의 마음을 크게 흔들었다.

좀 더 머리통이 크고 나서는 최인호의 소설 《상도》에 나온 조선 말기의 의주 상인 임상옥에게 푹 빠졌다. 유곽에 팔려온 여인을 돈으로 사서 자유의 몸으로 만들어주고 자신이 그 허물을 뒤집어쓴 통 큰 사내, '장사란 이익을 남기기보다 사람을 남기기 위한 것'이라는 신조로 조선 최고의 거부가 된 사람. 임상옥의 좌우명인 '상즉인', 장사는 곧 인간이라는 말은, '정즉인' 정치는 곧 인간이라는 내 휴머니즘 정치 철학의 모티브가 되었다.

나는 작년에 환갑을 치뤘다. 적지도 많지도 않은 나이지만 이들의 젊은 얼굴이 여전히 생생하게 기억난다는 게 기분 좋다. 비겁해지거나 무자비해지려 할 때마다 《상도》의 임상옥, 케네디와 링컨, 시인 윤동주, 용서의 아이콘 허숭(이광수 《흙》의 주인공)의 얼굴이 떠오른다. 어쩌면 '꿈은 이루어지는 것'이 아니라 '계속 기억하는 것'이라는 생각도 든다. 우리는 좋은 삶을 살기 위해 좋은 인간을 기억해야 한다.

꿈은 암기력이다. 잊지 않는 것이다.

이상을 불어넣어 주었던 이들이 희미해지지 않도록 기억하는 것. ***기억하면 기다리게 된다. 그들의 언어가 나의 언어가 될 때까지. 좋은 인간을 기억하는 한, 본능적으로 선함을 추구하는 한 인간의 '총기'는 사라지지 않는다.***

정치를 시작하면서 권력 의지와 권력의 행사에 직접적인 모델이 된 인물은 성경의 요셉과 다윗이었다. 그들이 순진한 소년 시절을 거쳐 점점 하나님이 택한 리더로 살아가며 울고 배신당하고 쓰러지고 구함을 받고, 회개하는 모습은 감동적이다.

이새의 여덟 번째 아들 다윗은 잘 생기고 힘센 형들에 비해 가장 하찮아 보이는 자였다. 사무엘 선지자가 그를 불러 '하나님 마음에 합한 자'라고 이야기하기 전까지, 그는 있어도 없는 듯한 아이였다. 하나님은 '마음의 중심'을 보고 다윗을 택한다.

성경에 종종 등장하는 미스터리한 표현, '신은 마음의 중심을 본다'와 '하나님 마음에 합한 자'라는 표현은 과연 무슨 뜻일까. 어차피 인간은 아무리 지혜를 타고나도 결국은 어리석고 교만하고 불순종하고 실수하는데… 예컨대 다윗은 신에게 선택받은 권력자지만, 그 인생은 '어쩌다 그런 삶을 살게 됐을까' 가여울 만큼 기구하다.

다윗은 물맷돌 하나로 거대한 골리앗을 쓰러뜨리고 사울왕의 사위가 되지만, '사울은 천천이요 다윗은 만만이다'라는, 백성의 혼호에 격분한 사울왕의 시기로 목숨만 부지한 채 오랜 시간 도망 다닌다. 다윗은 억울한 마음을 신에게 토로하면서 부하들과 굴속을 전전하면서 다듬어진다. 그런 훈련을 통해 겸손한 왕이 되고 부강한 나라를 이끌어가지만, 하나님을 놓는 순간 순식간에 마음의 중심을 잃고 넘어진다. 권력의 힘으로 부하의 아내를 취하고, 늘그막엔 측근의 배신으로 아들 압살롬에게 쫓기는 신세가 되는 것이다. 그 인생의 윤곽만 보면 권력이란 얼마나 헛된 것인가.

그 과정에서 다윗은 신에게 울부짖고 회개하고, 무릎 꿇고 사랑을 고백한다. 끝까지 경외를 잃지 않는다. 신을 기억하고 기다리고 마침내 용서받는다.

'그가 있다, 때가 있다, 몫이 있다.'

절대자의 존재를 망각하지만 않는다면, 인간은 신과의 대화를 통해 창조주와 피조물 사이, 인간과 인간 사이에 존재하는 불가사의를 이해할 '감사의 언어' '용서의 언어'를 찾아낸다. 그게 인생이다. 비참해보여도 선물 같은 인생. 신의 큰 그림 안에서 인간의 돈과 권력이 얼마나 허업인지 깨닫게 되는 인생.

처음부터 끝을 생각해야 쓸 수 있는 유일무이한 제 각자의 서사다.

권력 이행,
요셉을 생각한다

성경의 창세기에 요셉을 설명하는 구절을 보면 '하나님의 영이 감동했다'는 구절이 나온다. 다윗은 바깥으로 출렁이는 물 같은 사람, 힘이 넘치는 1인자였다면, 요셉은 그 힘을 어떻게 써야 하는지 찬찬히 보여주는 '준비된 2인자'였다. 1인자 사울왕의 시기심 때문에 도망자 신세가 된 다윗처럼, 요셉은 아버지의 편애를 시기한 형들의 계략으로 애굽에 노예로 팔려간다. 편애는 사랑의 질서를 파괴한다.

교만과 게으름은 나를 갉아먹지만, 편애와 시기심은 관계 전체를 멸시킨다.

다행히 이역만리에서 고난을 겪는 도중에도 요셉은 그의 주인 보디발, 감옥의 간수, 파라오 등 자신을 노예로 삼은 이집트 사람들 모두에게 오직 충직함과 성실함으로 신망을 얻는다.

요셉은 그 욕심 없음으로 귀하게 '쓰임 받은' 사람이다. 그의 꿈은 출세가 아니라 고향으로 돌아가 그리운 가족을 만나는 것이었다. 역설적으로 그 야망 없음으로 진정성을 인정받아 타향인 이집트에서 권력의 권좌에 오른 사람이다. 그는 이스라엘 사람으로서 정체성을 잊지 않았으나, 후에 자신의 소명을 깨닫고 이집트 총리로서 해야 할 일을 한다. 총리가 된 후 그는 하나님이 꿈으로 보여주신 예지력으로 7년 기근을 준비해 국민을 살려내고, 곡식을 구하러 온 형들을 만나서 용서의 눈물을 완성한다.

"요셉이 형들에게 이르되 내게로 가까이 오소서. 그들이 가까이 가니 이르되 나는 당신들의 아우 요셉이니 당신들이 애굽에 판 자라. 당신들이 나를 애굽에 팔았다고 근심하지 마소서. 하나님이 생명을 구하시려고 나를 먼저 보내셨나이다… 그런즉 나를 이리로 보낸 이는 당신들이 아니요 하나님이시라…"

-성경 창세기 45장 4~8절

앞을 내다볼 수는 있지만 예언을 현실의 구제로 연결한 것은 요셉의 능력이었다. 그는 한 국가의 관료로서도 치밀하게 준비된 플레이어였다. 평년에 농작물 생산량을 늘리기 위해 치수와 개간, 농사 기술 개량을 단행했고, 구휼 경제에서 곡식을 나눠줄 때는 각종 제도를 만들어 세금과 토지의 기반을 마련했다. 7년 풍년과 7년 흉년을 예비하는 설계와 추진력, 상처 입은 가족을 통합하는 지혜와 온유함… 요셉이야말로 '더 큰 맥락 속에 자신을 던져놓고 보는' 겸손한 리더십의 전형이었다.

밑바닥 민심, 페이버

'은혜를 구한다. 은혜를 베푼다. 은혜를 갚는다'는 말을 좋아한다. 측은지심으로 대가 없이 도와준 일이 어느 날 더 큰 날개를 달고 돌아오는 일.

신의 은혜는 어메이징 그레이스 Amazing grace
사람들의 은혜는 페이버 Favor **호의다.**
나는 나의 일과 사랑, 인생이 Grace와 Favor 사이에 있다고 느낀다.

미국 동부의 메이저 건축설계회사 팀하스의 대표이자 목사인 하형록 회장이 쓴 《페이버》라는 책이 있다. 그는 전도유망한 이민자였다. 명문 펜실베이니아 대학 건축학과를 졸업했고 유명 건축설계회사의 중역이었으며, 아내와 어린 두 딸도 있었다. 1991년 가을, 뉴욕으로 가는 고속도로 위에서 갑자기 의식을 잃고 쓰러진 후 심장이 비정상적으로 빠르게 뛰다 호흡곤란이 오는 심실빈맥을 진단받았다. 사경을 헤매며 심장 이식을 기다리던 그에게 꼭 맞는 심장이 나타났다. 그런데 바로 그 순간, 자기 몫의 심장을 옆방의 죽어가던 여성에게 양보했다. 그는 나중에 인터뷰에서 말했다.

"적합한 심장을 받지 못하면 95% 죽는다는 걸 알고 있었어요."

정확히 일주일 뒤, 하형록은 호흡곤란으로 혼수상태에 빠졌다.

죽음을 눈앞에 둔 한 환자가 심장을 양보했다는 이야기가 퍼지면서 불평과 큰소리가 들끓던 응급 병동의 직원과 환자들이 서로를 배려하기 시작했다. 한 달쯤 뒤었을 때, 기적적으로 그에게 맞는 또 하나의 심장이 나타났고 하형록은 건강한 몸으로 집에 돌아왔다. 그리고 그때부터 그의 인생은 놀라운 기적의 연속이었다. 하형록은 그 삶을 '페이버favor'라고 정의했다.

성경의 시편에 보면 페이버에 대한 구절이 자주 등장한다. 핵심은 예전에 내가 한 희생을 낱낱이 아뢰고 내 희생이 주님 보시기에 좋았으면, 이제는 나를 불쌍히 여겨 나에게도 당신의 '페이버'를 보여달라고 요청하는 것. 하형록 회장이 세운 기업 팀하스는 '우리는 이웃을 돕기 위해 존재한다'는 경영 철학으로 20년 만에 미국 동부 최고의 건축설계회사로 성장했다. 목사이기도 한 하형록은 이렇게 말했다.

"희생이 없으면 착한 일에 불과해요. 그냥 착한 일은 보통 사람이 다 하는 거예요. 희생이 있어야 감동을 줘요. 착한 일은 눈물이 안 나요. 희생해야 눈물이 나는 거예요."

미시간대 로스 경영대학원 조직경영학 교수 웨인 베이커는 《나는 왜 도와달라는 말을 못할까》라는 책에서 대체로 많은 사람들이 '타인은 나를 도울 의지도 능력도 없는 존재다'라고 과소평가한다고 지적했다. 하지만 갤럽은 개달 전 세계 22억 명의 인구가 도움이 필요한 낯선 사람들을 돕고 있으며, 인류학자와 언어학자로 구성된 국제팀의 또 다른 연구는 매일 1057개의 부탁 가운데 90% 가량이 즉시 해결된다고 발표했다.

사회적 생물로서 인간은 타인의 요청을 들으면 반응하게 되어 있다. 타인을 도와 공헌감을 느끼고 싶은 욕구는 우리 생각보다 훨씬 강렬하다. 애덤 그랜트는 《기브 앤 테이크》라는 책에서 가장 생산성이 높은 사람은 너그러이 베푸는 기버giver이면서 동시에 필요할 때 도움을 구하는 리퀘스터Requester라고 했다.

'구하라, 그리하면 얻을 것이다'라는 성경 구절도, '은혜를 구한다. 은혜를 갚는다'라는 민간의 교훈도 거창한 게 아니다. 나의 취약함을 알려 구제를 요청하고, 남이 어려울 때 나도 나서서 손해를 감수하고 돕는 것이다.

곰곰이 생각해보면 약할 때 강해지는 것이 인간이다. 신이 인간을 '돕는 관계'로 지으셨기 때문이다. 소설《상도》의 거상 임상옥에게 배운 것도 그것이었다. 순수한 마음으로 유곽에 팔려온 청나라 여자를 도와주었을 뿐인데, 그것이 후에 크나큰 보은으로 돌아오지 않았던가.

하형록 회장은 훗날 자신의 심장으로 살아난 여인의 집에 초대되었다. 무슬림 교도였던 그녀의 가족들이 개신교 목사인 하형록 부부를 바라보던 그 지극히 '은혜받은 자'의 눈빛을 잊을 수 없었다고 그는 전했다. 십대 소년의 심장을 기증받아 살고 있는 하형록은 자신

의 심장이 '이웃 사랑을 기억하라는 신의 담보물'이라고 했다.

나는 보복이 아닌 보은의 정치를 꿈꾼다.

　뺄셈이 아닌 덧셈의 정치를 생각하며 제 각자 개성과 이해관계가 충돌하는 여의도를 찾는다. '이웃을 사랑한다'는 건 내가 주고 싶은 것을 주는 게 아니라 그들에게 필요한 것을 주는 것이라는 마음으로, 인천 미추홀구의 거리를 걷는다. 학익동, 용현동을 걷는다. 아무 곳에나 들어가서, 이 테이블 저 테이블을 돌며 함께 점심을 먹는다. 무소속 의원을 일으켰던 밑바닥 민심에 보은하기 위해. 페이버를 나누기 위해. 사람 위에 사람 없고 사람 밑에 사람 없다. 우리 모두 오로지 은혜 아래 있을 뿐.

> **역설적이지만 정치인이 되기 전에,
> 먼저 정치가가 되어 있어야 한다.
> 그러지 않으면 5천 만이 피해를 입는다.**

윤상현 정치 가포리즘

The Player | 더 플레이어

윤상현 정치 아포리즘

6.

보통의 존재

죽음을 생각한다

　인생은 기억과 기분 그리고 기대의 하모니다. 과거의 기억과 현재의 기분과 미래의 기대를 조화시키며 우리는 시간의 강을 건너간다. 죽은 후에 나는 누군가의 '기억'으로만 남게 될 것이다. 내 장례식에 문상 온 사람들은 나에 대해 뭐라고 말할까?

　'윤상현은 그 누구보다도 가장 인간적인 사람이었다'라고 기억되면 좋겠다. 돈과 권력을 떠나 인간애에 곡진(曲盡, 간곡하게 정성을 다함)했던 사람이라고. 그러면 더 바랄 것이 없겠다.

보통의 존재,
윤상현을 이루는 퍼즐들

1. 안재욱이 번안해서 부른 노래 <친구>를 좋아한다. '붕우(朋友). 중국말로 펑요우. 중국 가수 주화건의 곡을 번안한 곡이다.

'세상에 꺾일 때면 술 한 잔 기울이며
이제 곧 우리의 날들이 온다고
너와 내가 마주 앉아서 두 손을 맞잡으면
두려운 세상도 내 발아래 있잖니.'

'친구끼리 마음먹으면 모든 걸 할 수 있다. 세상이 두렵지 않다' 라는 의리에 기대 청춘을 건너왔다. 살다 보면 느낀다. 세상의 거의 모든 것은 우정에 관한 것이라고.

2. 배신당할 때는 마음이 무너진다. 공천에서 떨어지면 모든 사람이 이익을 따라 등을 돌린다.

그래서 생각한다.
'그 사람도 사정이 있겠지.'

그래서 기도한다.
'주여, 우리를 불쌍히 여기소서.'

가장 견디기 힘든 마음은 배신감이 아니라 억울함이다. 거짓말하고 등 돌리고 칼을 꽂은 한 사람보다, 살아온 날들이 통째로 오해받고 부정당할 때 더 기가 막힌다.

'기회주의자다.'
'정치를 하기 위해 이혼했다.'
'전두환이 힘들어지니까 버렸다.'
'친박으로 영화를 누렸다'

고백건대 나는 인간애를 희생하면서까지 정치할 마음이 없다. 일일이 해명할 필요도 못 느끼게 됐고, 이제는 그토록 억울했던 마음도 다 지나갔다. 남이 뭐라던 내가 나답게 사는 게 중요하다.

3. 2004년 선거에서 떨어지고 나서, 대학생들 80명과 함께 중국을 거쳐 백두산에 올라간 적이 있다. 중국에서는 장백산이라고 해서 네 시간가량 올라갔다. 올라가는 동안 변화무쌍한 날씨를 다 겪었다. 춥고 비 내리던 날씨가 화사하고 쨍쨍한 볕을 드리우더니 정작 정상에선 안개가 자욱했다. 천지를 못 보는구나… 아쉬워하며 컵라면 하나를 사 먹고 내려오는데, 갑자기 해가 나고 구름이 걷히면서 천지가 모습을 드러냈다. 아름다웠다.

아, 인생은 참 아름다운 것이로구나…
언제 구름이 걷히고 찬란한 영광을 드러낼지 모르는구나.

4. 신림동에 살던 대학 시절, 어머니는 내가 매일 1만 원씩 용돈을 타갔다고 기억했다. 어머니는 용돈의 구체적 용처를 물은 적이 없었다. 도서관에서 공부하는 지방 학생들에게 생맥주 한 잔씩을 사주었다고, 내가 나중에 지나가듯 말했다고 했다. 어머니는 부지런했고 이재에 밝아서 아버지의 박봉을 쪼개서 살림을 불려놓곤 했다. 감사하게도 연탄이나 배추 값, 대학 학비나 친구들의 맥주 값을 내는 데 불편함을 느껴본 적 없다.

'돈이란 무엇인가'를 고민하다가 어느 겨울 저녁, 서대문구의 한 고아원을 찾아가 500만 원을 놓고 가짜 이름을 쓰고나온 적이 있다. 30년도 더 전의 일이다. 요즘도 종종 독거노인의 집과 지역아동센터를 찾는다. 60년 인생을 돌아보건대 내가 쓴 돈 중 가장 마음에 자랑스러운 돈은, 어린 시절 거지의 동냥 그릇에 내주었던, 코흘리개의 동전이었다.

"우리, 상현이가 참 착하네."
생각해보면 외할머니의 칭찬이 복리의 마법으로 내 인성의 그릇을 키워준 셈이니 말이다.

5. 가장 좋아하는 시간은 새벽이다. 새벽에 무릎을 꿇고 신과 대화하는 시간. '하나님은 말씀이시다'라는 선언처럼, 싱싱하고 신실한 언어들이 새벽에 별빛처럼 쏟아져 들어온다. 그 언어가 하루를 살아갈 오늘의 호흡, 오늘의 대사가 된다.

어둠은 빛의 부재이고, 빛은 어둠의 부재다.

빛은 언어로 선언되었다.

태초에 말씀이 있었나니 '빛이 있으라 하니, 빛이 있었다'라고 성경은 말하고 있다.

6. 세상에 나처럼 권력의 최고 단맛을 어깨 너머로 맛보고, 또 밑바닥의 눈물 맛을 제대로 맛본 사람이 또 있을까. 젊은 나이에 첫사랑과 결혼해 청와대에서 힘을 팔고, 박근혜 대통령을 만나 여의도 의회 정치의 정점을 찍고…, 연고 없던 인천이, 적진 같은 광주가, 공천도 없는 무소속이, 거름이 되고 친구가 되고 고향이 된 사람이. 우리는 제한된 시간을 살고 인과의 끝을 볼 수 없기에, 어제의 동지가 오늘의 적이 되고 오늘의 적이 내일의 동지가 된다.

결국 끝이 없는 연정聯政이 사랑이고 정치다.

이스라엘 사람이었다가 이집트의 총리가 된 요셉에게, 오늘도 내일도 최고의 플레이가 될 '정직과 전문성, 저자세'를 배운다.

7. 골프보다 축구를 좋아한다. 맑은 날 하루 종일 골프를 치는 것보다 비올 때 네 시간씩 공을 차고 함께 땀 흘리면 행복하다. 수많은 사람들과 격의 없이 팀을 이뤄 둥글게 둥글게 공을 찼다. 어릴 때는 친구들과 골목에서, 미국에 있을 때는 전 세계 유학생들과, 귀국해서는 연예인들, 스포츠인들과 팀을 이뤄 공을 찼다. 공을 찰 때 일어나

는 모든 에너지가 다 좋았다.

    2002년 5월, 상암 월드컵 경기장이 오픈했을 때 가수 김흥국, 배우 정준호, 가수 김종국, 탁구 유남규, 체조 여홍철 등과 드림팀을 만들어 여자 실업축구팀과 경기를 한 적이 있었다. 여자 선수들이 먼저 골을 넣었고 1:0 스코어에서 내가 다음 골을 넣었다. 2만여 명의 관중이 보는 앞에서, 상암 월드컵 경기장에서 첫 골을 넣은 남자 선수가 나였다.

    축구할 때는 개인기를 앞세우지 않는다. 열심히 뛰고 열심히 패스한다. 열한 명이 경기할 때 결정적 역할은 두세 명이면 충분하다. 나머지 여덟 명은 헌신해야 한다. 능력자 한두 명이 있는 팀은 한 경기 정도는 이긴다. 그런데 계속 잘하는 강팀은 헌신하는 선수들이 많은 팀이다.

    헌신하는 사람들이 없으면 절대 이기지 못한다. 거기서 오는 기쁨이 크다.

    결속을 다지는 데 축구만 한 것이 없다. 옛날 삼국유사를 보면 일곱 살 많은 김춘추가 김유신을 만나 '축국'을 하면서 인연과 통일의 대의를 맺는다. 압박과 순간 침투, 패스와 희생으로 공간을 만들어내는 최고의 팀워크 플레이. 축구하면서 깨달은 진리는 하나다. 콩 심은 데 콩 나고 팥 심은 데 팥 난다. 열 방울 땀 흘리면 더도 덜도 말고 딱 열 방울만큼만 발전한다.

쉘 위 댄스?

고급 취미가 있다면 노래도 술도 아닌 댄스다. 특히 1995년 즈음, 미국에 있는 동안 댄스학원을 2년 동안 다녔다. 박사를 마치고 존스 홉킨스 대학에서 교수로 가르칠 때였다. 헬스클럽에서 3마일을 달려 몸에 열을 내고, 댄스 클럽에 가서 50분 동안 춤을 췄다.

춤은 순수한 대화이고 몰입이다. 특히 왈츠, 차차차, 탱고… 상대와 함께 호흡을 맞춰서 추는 춤은 스텝의 각도, 속도, 터치의 감도에 따라 파트너가 얼마나 조급한지, 배려가 있는지… 매너의 숙성도를 단번에 파악할 수 있다.

외교적인 자원과 스킬이 총동원되는 미국 정계의 파티, 자선 컨퍼런스 같은 데서 춤이 그도로 숙련된 커뮤니케이션 기술로 인정받는 이유다.

배우가 될 뻔한 정치인

문학, 춤, 스포츠, 영화… 특히 전쟁 속에서 이념을 넘어선 인간애와 사랑, 결단을 다룬 영화를 좋아한다. <쉰들러리스트>와 <다키스트 아워>같은 영화들…

실제로 영화에 출연하려고 한 적이 있다. 이정재가 출연한 영화 <인천상륙작전>과 다른 버전, 또 한 편의 인천상륙작전을 다룬 영화가 기획된 적이 있다. 1500억 예산으로 로버트 레드포드가 맥아더 장군으로 나오고, 나탈리 포트만이 또 한 명의 여주인공으로 나오는 영화였다. 나는 지인의 추천으로 맥아더 장군의 통역 장교 역으로, 미국 배우조합에 프로필도 보냈다. 통역 장교 이상의 캐스팅 이야기가 나왔지만 아쉽게도 투자 유치를 받지 못했다. 배우하다 정치하는 사람은 있지만, '부캐'로 연기도 하는 멀티 플레이어 정치인이 있어도 꽤 재미있지 않았을까.

정치는 탈정치, 비정치로 풀 때 더 큰 정치가 온다고 나는 생각한다.

솔저 혹은 폴리티션

권력자는 마치 재난 현장의 지휘자처럼, 평범한 사람보다 더 힘든 결정을 내려야 할 때도 많다. 도덕적 딜레마를 현명하게 헤쳐 나가는 능력이 현대의 지도자가 갖춰야 할 중요한 덕목이다.

연희동 어른은 폴리티션politician이 아니라 솔저soldier로 떠났다. 안타까운 부분이다. 법적, 행위적 발포 명령의 주체가 누구인가를 떠나, 리더는 통상 그 시간대에 일어난 국가적 불행에 대해 책임 있는 사과와 위로를 전해야 한다. 상처를 봉합하는 과정에서 국민은 이전과 다른 더 강한 회복력을 갖는다. 억울할 정도로 가혹하게 리더에게 윤리적 책임을 묻는 것은, 위임받은 권력에 대해 리더가 치러야 하는 값이다.

작년에도 나는 5.18 민주유공자유족회 회장, 구속부상자회 회장, 당시 전남대 총학생회장 등 50여 명과 함께 광주 묘역을 찾았다. 십 년이 넘는 세월 동안 그분들과 교류하고 저녁을 먹고, 할 수 있는 작은 일들을 돕는다. 호남향우회 모임을 찾아가 먼저 몸을 던지고 술을 마시고 마음의 빗장을 푼 세월이 쌓이고 쌓였다.

돌아가신 전 대통령의 유골은 연희동에 있고, 나는 또 전 처가 사람들과 고인의 봉안을 의논한다.
망월동에서 연희동까지, 그 먼 길을 잇는 다리로 태어난 것, 그것 또한 인연이고 운명이었을까.

슬픔 공부

2014년 4월 배를 타고 수학여행 간 304명의 아이들이, 2022년 10월 핼러윈 파티를 즐기러 나간 159명의 젊은이들이, 죽었다. 안전 시스템이 제대로 작동하지 않아, 아비규환이 되어 사람들이 지켜보는 가운데 죽었다.

"가난한 애들이 제주도로 수학여행을 가더니…"
"행실 나쁜 애들이 퇴폐적인 파티에 가더니…"

문제 있는 사람들이 특정 장소에 가서 죽은 것이라고, 타인의 죽음을 판단하는 말을 나는 경계한다. 그런 마음이 들 땐 차라리 침묵하라. 우리는 언제 어디서든 재난과 마주할 수 있고 다만 개개의 운과 공공의 시스템에 나의 안전을 맡기는 것이다.

심퍼시sympathy가 자연스러운 감정이라면 엠퍼시empathy는 고도의 지적 각성 능력이다. 타인의 감정이나 처지를 상상해보고 그 입장이 되어보려고 노력하는 것. 부모의 비통을 짐작해보는 것, 가족의 허망함을 느껴보는 것. 슬픔 앞에선 단정 대신 '합리적 불일치'를 최소값으로 보는 균형 감각, 나의 말에 앞서 상대의 감정을 '최대값'으로 두는 자제력이 필요하다.

어떤 죽음도 함부로 말해질 수 없다.

세월호 유가족을 다룬 영화 <생일>에는 배우 전도연이 참았던 감정을 풀고 목 놓아 우는 장면이 있다. 배우는 창자가 끊어지도록 오열한다. 울음은 창을 넘고 문을 넘고 골목을 넘어 이웃의 방문을 두드린다. 그 소리에 누군가는 창문을 닫고 누군가는 달려와 끌어안는다. 전도연의 통곡을 들으며 나는 생각했다.

슬픔도 '함께해야' 안다. 애도도 '공부해야' 안다.

"즐거워하는 자들과 함께 즐거워하고
우는 자들과 함께 울라.
서로 마음을 같이 하며 높은 데 마음을 두지 말고
도리어 낮은 데 처하며 스스로 지혜 있는 체 하지 말라."

-로마서 12:14~15절

나의 세 딸
서연이, 정연이, 남경이

막내 남경이는 예정일보다 며칠 일찍 나왔다. 2010년 12월. 겨울 새벽에 아내가 진통을 시작했다. 뼛골에 한기가 느껴질 정도로 한파가 몰아치는 날이었다. 새벽 4시에, 인천집에서 서울대병원으로 아내를 데리고 갔다. 추운 날 먼 거리를 이동해서 양수가 터진 것 같았다. 진통을 하다 아침 9시를 넘어가 수술을 했다. 의사가 가냘프게 우는 아이를 꺼내 들어올렸다. 나와 아내의 DNA를 받은 혈육은 코가 크고 잘생긴 아이였다. 나와 같은 호랑이띠였다. 어린 백호랑이는 무럭무럭 자랐고 유튜브와 그림과 첼로를 좋아하는 사춘기 소녀가 됐다.

둘째 딸 정연이는 1991년 11월에 태어났다. 남들은 무리해서 미국으로 '원정출산'을 오는데, 나는 미국에서 생긴 아이를 굳이 한국으로 보내 낳아야 한다고 고집을 부렸다. 정연이는 워싱턴 유학 중 잉태되었고 서울에서 태어났다. 배를 가르고 나온 아이의 탯줄을 내가 처음 잘라주었다.

첫딸 서연이는 1988년 2월에 태어났다. 100일 만에 보드라운 강보에 쌓여 면회 온 아이를 뻣뻣한 군복을 입고 처음 안아보았다. 서연이와 정연이는 후에 전씨 성으로 개명했다. 서연이는 작년에 마음이 선한 목사님 아들과 결혼했다. 사위의 이름은 다윗이었다.

내 아내 신경아

미리내 성지에서 천즈교 영세를 받고 지금은 독실한 개신교 신자지만, 한동안 나는 사찰을 돌아다니며 스님들과 경전을 공부했다. 2010년 1월, 야무지고 '하심'이 깊은 사람이 있다는 말을 들었다. 송담대학교 총장을 하셨던 김병학 선생이 어느 날 나를 안국선원으로 데리고 갔다. 신경아는 승복을 입고 안국선원에서 참선 중이었다. 바깥 양지쪽에서 그녀의 뒷모습을 지켜보았다. 합장을 하며 눈이 마주치자 그녀가 깜짝 놀라 도망을 가버렸다.

후다닥, 한 가리 겁먹은 사슴처럼 날렵하게. 잿빛 승복 안에 몸이 가벼워 빈 공간이 휘적거렸다. 단번에 나는 그녀를 알아보았다.

"저 사람이다!"

신경아는 수행자였다. 아버지는 신준호 회장, 신격호 회장의 넷째 동생이다. 범롯데가로 통칭되는 재벌가의 딸이었지만, 검소하고 내향적이고 영성이 깊은 사람이었다.

이 사람에 대해서는 예전부터 여러 채널을 통해 이야기를 들었다. 나는 장모인 한일랑 여사와도 친분이 있었고, 내 어머니도 지인으로부터 '참하고 착한 사람이 있다'는 이야기를 건너 들었다. 짧은 결혼 생활 후, 신경아는 평창동 집으로 돌아와 부모와 평화롭게 기거하고 있었다. 불교 선원을 오가며 참선의 즐거움을 누리고, 오랜만에 시행사 임원을 같아 처음부터 끝까지 관여하면서 일하는 보람까지

만끽하던 차였다.

나에 대한 경계와 경보는 꽤 강력했다. 초식동물의 기질을 가진 그는 정치인이라는 최상위 '포식자'를 피해 최대한 멀리 달아났다. '정치인은 가까이 하면 좋지 않다'는 게 이 가문의 암묵적 약속인 듯했다. 사십 대 후반의 나이에 어디서 그런 용기가 나왔는지, 나 또한 '놓치면 안 된다'는 마음이 간절했다. 그녀의 어머니가 녹내장 수술하는 병원으로 찾아가 위문 후, 간호 중인 신경아를 만났다. 악수를 청하자 냉정하게 거절당했다.

"왜 나예요?… 혹시 돈 보고… 이러세요?"
찬바람 부는 목소리에 냉기가 일었다. 고슴도치처럼 가시를 세웠지만 겁먹은 눈이었다.

"왜 이렇게 저한테 당당하시냐고요?"
"…돈 보고 오지 않아서 당당해요. 거기서 당신만 보였어요. 저 사람, 내 사람이구나… 나하고 비슷한 사람이구나. 그것만…."
그렇게 티격태격한 후 우리는 헤어졌다.

그녀가 나를 받아들인 건 내가 일하는 모습을 보고 난 후였다. 중국 관련 비즈니스를 도모하던 그녀가 외교 통상위원회에 있던 나를 찾아와 중국 무역에 관한 조언을 구했다. 외교적 어드바이스, 중국인들의 문화 풍습 등에 대한 코치를 이어가면서 마음이 열렸다.

'열정적이고 책임감이 강한 사랑… 게다가 적당한 '셀프디스'가 있어야 웃는 개그 코드도 통했다'고 나중에 그녀가 말했다.

국회의사당이 있는 여의도와 푸르밀 사옥이 있는 영등포를 오가며 우리는 데이트를 시작했다. 다리를 건너 오가며 영화도 보고 뮤지컬도 보고 산책도 했다. 여중 여고 여대를 나온 그녀는 연애 경험이 없어 순진했고, 편견이 없었고, 배려가 깊었다. 하지만 딸을 그 누구보다 아끼고 사랑했던 '딸 바보' 신준호 회장은 끝까지 결혼을 반대했다. '정치인은 도둑놈'이라는 평소 생각에 애까지 둘 있는 남자였으니 내가 예뻐 보였을 리 없다.

결단이 필요했다. 어느 날 그녀에게 물었다.
"너, 다 버릴 수 있지? 아버지 재산 다 버릴 수 있지?"
신경아는 그날로 짐을 싸들고 나왔고 우리는 인천에서 동거를 시작했다. 자기 인생 최초의 가출이었고, 불효였다고 죄스러워했다. 나는 평창동 집을 찾아가 큰절을 하고 나왔다.

"장인어른, 제가 데리고 살겠습니다."
뱃속에 생명이 생겼고 5개월이 되었을 무렵, 2010년 7월 29일에 우리는 결혼식을 올렸다.

아내는 웃으며 이야기한다. 결혼해보니 갑을병정 중 정이 국회의원의 아내더라고. 선거운동 시키지 않겠다고 약속했지만, 신발이 닳는 남편 뒤에서 서성이던 아내는 팔을 걷어붙였다. 나서기 싫어하는 묵묵한 사람이라 마이크 한번 잡아본 적 없는 그녀는, 지역 단체에 나가 김치를 담그고 마지막 설거지와 음식물 뒤처리를 했다.

"난 할 수 있는 것만 해. 사람들하고 같이 몸으로 한 고생은 기억에 남아. 그래서 싫지 않아."

아내는 말했다.

"윤상현은 노력하는 남자, 지나치게 솔직한 남자… 와이프 말보다 지역구민 말을 더 잘 듣는 간 큰 남자…"라고.

'돈 보고 결혼하지 않았다'는 건, '돈을 쓸 시간조차 없을 만큼 바쁜 나의 지역구 활동과 의정 생활'로 다소 서글프게 증명되었다. 김치찌개, 김, 계란 프라이만 좋아하고, 기껏해야 술 마신 다음 날 해장으로 스테이크를 먹는 나를, 아내는 애처로워한다. 매일 새벽 4시면 일어나서 밤늦게 돌아오는 남편에게, 13년간 살면서 가족 여행도 3일 이상 가본 적 없는 남편에게 "그렇게까지 열심히 살아야 해?"라고 묻더니, 이제는 다 내려놓은 듯 그저 옆에 있다.

정치인의 아내로 산다는 건 고된 일이다. 밤늦게 들어가면 나는 아내의 손을 잡고 누워 한 시간 동안 이야기한다. 두런두런 사소한 이야기들. 오늘 지역구에서 일어난 일, 내일의 지방 스케줄, 사춘기에 접어든 딸, 이상하게 펑퍼짐한 내 양복바지… 같은 것들. 집사람이 옆에 없으면 잠들지 못한다.

새벽이면
불교 신자인 아내는 일어나 참선을 하고,
기독교 신자인 나는 교회에 가서 성경을 편다.

'하심下心'의 마음으로 하루를 시작한다.

연민憐憫이 쌓일수록 사랑이 깊어지듯, 연정聯政을 거듭할수록 정치는 좋아진다.

윤상현 정치 아포리즘

"
정치는 말의 경주다.
**말의 진정성은 공동체에 대한
애틋한 마음**에서 나온다.
세상을 넓고 포에틱^{poetic}하게 보는 태도.
결국 태도가 정치다.
"

에필로그

태도가
정치다

한국의 국민은 대단하다. 6.25 폐허 위에서 자동차를 만들고 <오징어 게임>과 <기생충>, BTS와 손흥민이라는 위대한 플레이어를 잉태한 국민이다. 각자가 의견이 강한 벤처사업가이기에, 한국에서 정치가로 사는 건 쉽지 않다. 최고 지도자가 암살당하고 자살하고 탄핵당하고….

현실은 생각보다 험난하고 치열하다. 진보와 브수, 강남과 강북, 서민과 금수저의 갈등은 얼마나 ᄎ 열한가. 지금 한국 정치 리더들의 절실한 사명은 '사회 통합'이다.

대의보다 대세를 따르면 정치는 세속화된다. 국민들은 정치가 점점 왜소해지고 품격이 떨어졌다고 느낀다. 케네디나 오바마 같은 명연설가들이 그랬듯이, 정치인이 언어를 선택하는 능력은 국민을 품격 있게 만들어주는 능력 중 하나다.

정치인의 언어는 등대가 되고 방패가 된다. 대중들은 그 울타리 안에서 울고 웃고, 뭉치고 싸운다. 안타깝게도 최근 정치권에서 쏟아지는 말은 기세가 너무 가파르다. 나 또한 그 고민과 책임에서 자유롭지 못하다. 역설적이지만 정치인이 도기 전에 먼저 정치가가 되어 있어야 한다. 정치가의 그릇은 얼마나 많은 주어, 많은 동사를 충돌 없이 품을 수 있는가로 가늠된다.

정치는 말의 경주다.
말의 진정성은 공동체에 대한 애틋한 마음에서 나온다.
세상을 넓고 포에틱 poetic하게 보는 태도.
결국 태도가 정치다.

the Player 더 플레이어

윤상현 정치 아포리즘

초판 1쇄 인쇄 | 2023년 1월 17일
초판 1쇄 발행 | 2023년 1월 30일

지은이 | 윤상현
펴낸이 | 최서후
기획 | 율경사
디자인 | 김현주 nanabana@naver.com
사진 | 김보하 instagram.com/kim_boha
스타일링 | 김의향 K-note, amber.eh.kim@gmail.com
인쇄 | 재원프린팅

펴낸곳 | NEXT PAGE
출판등록 | 2021년 11월 22일 제2021-000049호
전화 | 031-431-8390
팩스 | 031-696-6081

ISBN 979-11-978384-4-6 03810

*이 책은 저작권법에 따라 보호받는 저작물이므로 무단 전재와 복제를 금지합니다.
*잘못된 책은 구입하신 곳에서 바꿔드리며, 책값은 뒤표지에 있습니다.

ⓒ 윤상현 2023